AF462530

COLIGNY

PATRIOTE

COLIGNY

PATRIOTE

« ... Il a aimé la France. »
(Paroles de l'ambassadeur anglais WALSINGHAM.)

PAR

Paul VIÈLES

TOULOUSE
IMPRIMERIE A. CHAUVIN ET FILS
28, RUE DES SALENQUES, 28
—
1886

PRINCIPAUX OUVRAGES CONSULTÉS.

Les Huguenots et les Gueux (étude historique de vingt-cinq années du seizième siècle), par M. le baron KERVYN DE LETTENHOVE.

Gaspard de Coligny, amiral de France, par le comte Jules DELABORDE.

Jules TESSIER. — *L'amiral Coligny.*

Eugène BERSIER. — *Coligny avant les guerres de religion.*

Memoyres de l'Estat de France sous Charles neufiesme.

BAYLE. — *Dictionnaire historique et critique.*

Mémoires de Tavannes.

— *de Coligny.*

— *de Castelnau.*

— *de Montluc.*

— *de Lanoue.*

— *de Brantôme.*

— *de Condé.*

Histoire ecclésiastique des églises réformées, par Théodore DE BÈZE.

D'AUBIGNÉ. — *Histoire universelle.*

Recueil de pièces de la Ligue.

MICHELET. — *Les guerres de religion.*

DE THOU. — *Histoire universelle.*

DURUY. — *Histoire de France.*

DAVILA. — *Istoria delle guerre civile di Francia.*

Divers articles de la *Revue des questions historiques.* — *Revue historique.* — *Revue chrétienne*, Discours de M. le professeur DOUMERGUE à la séance de rentrée, 1880... etc., etc.

PRÉFACE

L'histoire contemporaine, grâce à la multitude des documents nouveaux dont elle a su tirer un riche parti, a pour ainsi dire ressuscité devant nous cette époque sombre et troublée qui fut le seizième siècle. On eût dit, jusque-là, qu'une immense conspiration de mystère s'était formée pour dérober au dégoût de la postérité les hontes et le sang qui la souillent. Maintenant la lumière s'est faite, éclatante, implacable, accusatrice; la réalité sévère est apparue.

Patiemment, laborieusement, pièce à pièce, on a reconstitué les drames de ce siècle autrefois mystérieux, évoqués devant nous comme par une baguette magique. L'un après l'autre, leurs principaux acteurs ont comparu devant un inflexible tribunal, et, témoins de leurs propres forfaits, se sont fait juger par leurs aveux. Aveux terribles qui font hésiter la plume la plus hardie et désirer quelquefois qu'on les eût laissés dans l'oubli. En haut, meurtres, trahisons, basses intrigues, débauches éhontées, vices infâmes; en bas, la misère publique, le faible opprimé, plongé dans l'ignorance, fanatisé, exploité, les droits de la conscience méconnus, la voix de la protestation étouffée dans des supplices épouvantables, la grande plainte des vaincus expirant dans les cachots de la justice royale. Et à côté de tout cela l'insouciance et la joie, les bals somptueux au Louvre, les orgies nocturnes, les châteaux enchanteurs de la Touraine, où les belles maîtresses des Valois allaient trôner au milieu du cortège adulateur des brillants seigneurs de la cour, le bruit des fêtes et des chasses, contraste étrange et douloureux de misère et de splendeur qui laisse dans l'âme un immense dégoût pour les choses, pour les hommes de ce siècle perverti et comme une grande pitié pour tout ce passé honteux que l'on voudrait effacer de l'histoire.

Le seizième siècle, disait déjà Voltaire, « *c'est une robe de soie et d'or ensanglantée.* » Et, en effet, sous la soie et l'or de tous ces majestueux personnages, il semble qu'on peut chercher en vain une âme noble, un homme de conscience et de devoir. Il semble que le souffle corrupteur du siècle ait pénétré jusqu'aux moelles cette génération impie.

Pourtant, de cette boue et de ce sang, s'élève, comme une vivante protestation de la conscience, un homme qui en affirma hautement les droits et qui en pratiqua toujours les devoirs, un honnête homme parmi ces corrompus, une grande âme parmi tous ces blasés, un homme de devoir et de foi parmi ces courtisans du succès et du pouvoir.

A travers ce seizième siècle impur et sanglant, Coligny apparaît comme devant forcer l'admiration et le respect. Au milieu des tristesses et des défaites qui ne lui furent pas épargnées, son âme ne sut défaillir ; il resta fidèle jusqu'au bout à ces deux grandes idées qui ont dominé sa vie : *Dieu et la patrie*, *sa foi et son roi*. Sans doute il eut ses faiblesses et ses chutes ; mais dans sa longue existence, constamment mêlée aux luttes et aux scandales de son époque, il sut se garder de la contagion du mal et conserver l'austère gravité d'une âme chrétienne, la foi incorruptible au bien, l'amour passionné de son pays. C'est ce qui éclate à chaque page de sa vie, dans ses paroles, dans sa conduite; et, à mesure qu'on l'examine, il vous apparaît toujours plus grand.

Mais les colères des hommes et les rancunes de la passion font souvent hésiter la justice et rendent difficile le triomphe de la vérité. Cette figure austère et grave, qui s'élevait par-dessus toutes les hontes de son siècle, sereine, grande, pure, blessait les regards de ceux qui se font les apologistes des persécuteurs. N'osant se proclamer ouvertement les admirateurs et les complices de ces hommes qu'en secret ils applaudissent, ils ont au moins voulu rabaisser à leur niveau, devant la conscience contemporaine qui flétrit leurs crimes, le caractère et la vie de notre héros huguenot. Ne pouvant excuser, ils ont accusé. On n'a rien épargné pour ternir cette mémoire et souiller cette pureté.

Quand un comité s'est formé, il y a quelques années, pour élever une statue à l'amiral de Coligny, pour éterniser, en les fixant dans le bronze, les traits d'un des plus illustres enfants de la France, de l'un de ceux qui l'ont le plus aimée, la presse ultramontaine a recommencé à couvrir d'insultes le martyr auquel on allait offrir la tardive réparation d'un trop long oubli.

De nombreux articles dans les revues, dans les journaux, de longs ouvrages même ont été publiés pour protester avec la plus grande violence contre ces hommages rendus à la mémoire du chef huguenot, pour déclarer sa gloire usurpée et son triomphe mensonger. Du patriote ardent, de l'âme noble, on s'est efforcé de faire un seigneur jaloux, un sectaire étroit et haineux, dédaigneux des intérêts de son pays, uniquement attaché à la réalisation de ses ambitions personnelles, un traître à son pays, un rebelle à son roi.

Par quels procédés, par quelle mutilation des faits les plus évidents, c'est ce que nous nous efforcerons de montrer dans ce court essai. Nous ne voulons indiquer ici que l'esprit qui nous a guidé pour l'entreprise et la poursuite de notre travail. Restituer à Coligny sa gloire méconnue et en évoquant la voix du passé, la voix de l'histoire, lui élever en fils pieux, dans notre propre cœur, à côté du monument que va lui dresser son pays, l'humble monument de notre respectueuse admiration et de notre patriotique reconnaissance.

COLIGNY

PATRIOTE

CHAPITRE PREMIER.

LES HUGUENOTS AU DÉBUT DES GUERRES DE RELIGION.

Réponse à quelques accusations.

L'accusation la plus fréquente et la plus acharnée que les adversaires de la Réforme ont, de tout temps, lancée contre elle c'est d'avoir été, avant tout, une révolution politique. A les entendre, elle fut la grande école de tous les complots, le refuge de tous les révoltés, le prétexte et le moyen de toutes les revendications sociales.

De nos jours la lutte est devenue plus ardente encore : toutes les réactions s'associent pour accabler de leurs reproches le protestantisme et pour le rendre responsable des folies révolutionnaires des égarés de la politique contemporaine. Elles s'efforcent, dans leurs ouvrages, d'établir comme une mystérieuse parenté entre les agitateurs bruyants qui remplissent les journaux de leurs scandales, et les huguenots du seizième siècle qu'ils nous montrent animés des mêmes passions politiques, des mêmes haines sociales (1). Le parti ultramontain,

(1) « La Révolution s'est établie à titre permanent dans l'histoire mo-

les disciples de J. de Maistre et de Bonald, accusent nettement nos pères d'avoir « engendré l'esprit révolutionnaire. » Ils déclarent que les idées et les principes que la Réforme a introduits dans le monde, et spécialement dans notre pays, sont la négation de toute autorité, que l'esprit du protestantisme est un esprit de désorganisation dans la société et qu' « en France, » où il a failli détruire l'unité nationale, il a été constam- » ment un fauteur de rébellion contre le pouvoir légitime, une » source de division au sein de l'Etat (1). »

« Les huguenots étaient des Français renégats de leur patrie, » ils reniaient la France de Clovis, de Charlemagne; ils lui » préféraient une religion suisse fabriquée à Zurich, estam- » pillée à Berne et introduite en contrebande par Genève. » C'est pour cette religion, non pas du ciel, mais de l'enfer, » que ces Français renégats, connus sous le nom suisse de » huguenots, renient leur patrie et s'efforcent, par le fer et la » flamme à la diviser d'avec elle-même, et dans le passé, et » dans le présent, et dans l'avenir (2). »

Voilà ce que dit Rohrbacher, l'historien des séminaires.

Une telle appréciation peut ne pas nous sembler étrange sous une telle plume. Mais voici l'opinion d'un homme moins suspect de parti pris et que l'on croirait tout d'abord moins partial : M. l'amiral Jurien de la Gravière. Dans un article sur les « *galères de France,* » il écrit, dans l'unique but de justifier

derne; non seulement elle conspire et agit, mais elle écrit et parle, et ses apologistes ne sont pas moins habiles à célébrer ses triomphes que ses séides à les préparer... De nos jours, de nombreuses publications ont préconisé de plus en plus les attentats des novateurs, comme si les passions politiques contemporaines ne cherchaient dans les plus tristes épisodes d'une époque déjà éloignée que l'apologie de leurs propres haines » (Kervyn de Lettenhove, préface, II-III), *Les Huguenots et les Gueux.*

(1) De Carné. Voir *Essai sur l'esprit national des protestants français aux seizième et dix-septième siècles.*

(2) Rohrbacher, *Histoire universelle de l'Eglise catholique*, XXVI, p. 363.

les crimes de Louis XIV, les lignes suivantes : « Une critique » éclairée a remis les responsabilités à leurs places. La raison » d'état poursuivait dans les protestants moins des hérétiques » que des factieux. »

Des factieux, des rebelles, voilà ce qu'étaient nos pères, et ils l'étaient par tempérament, par principe, par théorie, comme conséquence logique de leurs doctrines. C'étaient « des hommes, » dit le vicomte de Meaux, « qui *par principe* n'étaient » pas effrayés de détruire et qui par caractère, étant avides » de combattre, ont agité et déchiré la patrie (1). »

C'est surtout au début des guerres religieuses et de la période que nous nous proposons d'étudier dans ce court aperçu que les attaques sont les plus ardentes.

M. le baron Kervyn de Lettenhove, dont nous aurons à citer et à apprécier souvent, dans le cours de cet essai, l'œuvre savante mais trop visiblement passionnée, formule, dès les premières pages, les accusations les plus violentes au sujet de l'esprit général des huguenots et de leur attitude politique avant les guerres civiles.

La Réforme ne fut pour lui qu'une propagatrice d'idées subversives, une sorte de grande insurgée, de porte-drapeau de toutes les négations religieuses et sociales, quelque chose comme un apôtre de destruction universelle. Elle pèse comme un cauchemar sur son imagination fanatisée; il la voit partout, agissant dans l'ombre, sapant peu à peu toutes les bases du vieil édifice de la monarchie, rêvant le rêve étrange d'une République féodale, courbant de sa main niveleuse toutes les puissances, éteignant toutes les gloires (2). C'était la prise d'armes de tout un peuple d'ambitieux et d'insoumis :

(1) *Les luttes religieuses en France au seizième siècle* (Vicomte de Meaux, II, p. 113). Cité dans le *Discours* de M. Doumergue.

(2) « La Réforme, qui avait introduit dans la sphère religieuse le doute et la négation, s'en fit une arme non moins redoutable dans l'arène politique; mais, ainsi que l'a démontré Bossuet, elle crut, pour ébranler l'influence séculaire des institutions et des mœurs, devoir proclamer

« Les huguenots, » dit-il, « étaient moins une Eglise qu'une armée (1). »

Et cette armée, il nous la représente constamment prête à marcher contre son roi, menace éternelle, suspendue sur la tête de l'autorité légitime, toujours bravée et méprisée.

« Quand on parlait du roi aux huguenots ils répondaient » qu'ils n'en connaissaient pas d'autres qu'eux-mêmes... Les » ministres protestants, presque tous sortis du peuple, ensei- » gnaient publiquement qu'on ne devait aucun impôt ni au » roi, ni aux gentilshommes; que la noblesse n'était rien et » que l'on ne trouvait nulle part dans la Bible qu'il existât des » redevances féodales. Ils allaient plus loin encore et disaient » qu'un roi ne pouvait avoir d'autre puissance que celle qu'il » plaisait au peuple de lui confier (2)... »

« De là, » ajoute-t-il, « la doctrine du tyrannicide enseignée » à Genève et développée dans les écrits de Théodore de » Bèze (3)... Les rois étaient condamnés comme des tyrans et » c'était sous le nom de république qu'on se plaisait à dépein- » dre une société organisée sur la base du droit et de la jus- » tice (4). »

d'abord le droit absolu des princes; ce ne fut qu'après avoir grandi par leur appui, qu'elle invoqua le principe de la souveraineté du peuple qui devait justifier contre eux l'insurrection et parfois le tyrannicide. Autant elle s'était humiliée pour les flatter, autant elle se montra pleine d'audace pour les combattre. De là le développement de l'anarchie sociale et morale.

» Le seizième siècle où la Foi, antique base du droit aussi bien que de la liberté, fut ouvertement reniée, où le trouble des idées trouva de toutes parts un écho dans la violence des faits, restera à jamais, par ses luttes cruelles et sans cesse renaissantes, une ère voilée de deuil » (Kervyn de Lettenhove, *op. cit.*, préface, I).

(1) Kervyn de Lettenhove, *op. cit.*, I, 32.

(2) Kervyn de Lettenhove s'appuie ici sur les affirmations de Montluc, *Mémoires*, t. II, 366. Il suffit de nommer ce persécuteur des protestants pour comprendre l'autorité qui s'attache à ce témoignage.

(3) Kervyn de Lettenhove, *op. cit.*, t. I, 34.

(4) *Id.*, I, 35. Il s'appuie ici sur une citation de Tavannes (l'assassin

M. d'Assy, dans un article de la *Revue des questions historiques*, nous parle « des excitations démagogiques des prédicants, » « des terribles excès des premiers sectaires calvinistes, » et consacre toute la première partie d'une étude sur *le caractère de Coligny* à nous montrer les protestants français fomentant sourdement la guerre civile « sous le vague prétexte de limites à opposer aux empiètements du pouvoir royal (1). »

Je pourrais multiplier les citations, mais toutes se réduisent à cette affirmation répétée sous mille formes diverses : *Les huguenots étaient par principe des révolutionnaires et des agitateurs, et la Réforme fut une école d'anarchie.*

Pour soutenir ces accusations, les adversaires de la Réforme font usage d'une méthode historique qui a pour elle toutes les apparences de l'impartialité, et proclament hautement leur désir de voir triompher la vérité. Ils invoquent les sources, les textes, les documents. « La vérité historique n'a point perdu » ses droits, » s'écrie M. le baron Kervyn de Lettenhove ; « il » importe qu'elle remette en lumière les desseins et les pas- » sions... et, sans complaisance coupable, qu'elle rétablisse les » faits accomplis. »

Rétablissons les faits ; aux prétendues preuves invoquées opposons l'histoire.

Depuis que la Réforme est venue jeter au monde sa troublante et victorieuse protestation, je vois bien des colères, bien des sourdes menées, des ambitions qui s'agitent, des complots qui se trament, des cruautés commises, bien des oppressions et bien des violences. Je vois s'allumer les bûchers de l'Inquisition et s'ouvrir les prisons du Châtelet ; je lis les édits terribles qui décrètent les supplices les plus épouvantables contre les humbles partisans des nouvelles doctrines, et, à la seule des-

de Coligny). « Les livres latins fomentent guerres civiles (*parmi les Huguenots*). Les uns imitent Brutus et Timoléon pour tuer les tyrans et d'autres Lycurgue et César pour être les législateurs et les chefs. »

(1) *Revue des questions historiques*, 1er juillet 1885 (192-193).

cription de tant d'infamies, je sens passer dans mon âme comme un souffle de secrète révolte et d'indignation ; je me sens prêt à justifier toutes les résistances, à absoudre toute rébellion, à excuser toutes les colères.

Eh bien ! en face de cette épouvantable situation, voici les faits : pendant plus de cinquante années, avant que les adversaires de la Réforme l'eussent bouleversée, soumise à des influences étrangères et contraires à son esprit même, c'est-à-dire tant qu'elle fut la Réforme des réformés dans son état normal, il y eut une étonnante obéissance, un incroyable respect des tyrans et jusqu'à la mort. « Les nouveaux chrétiens, » dit Michelet, « se laissèrent emprisonner, torturer, brûler et » enterrer vifs sans avoir la moindre idée de résister aux puis- » sances (1). »

Dès 1523, à Bruxelles, les premiers martyrs, trois augustins qui furent brûlés pour cause d'hérésie, se montrèrent pour leurs supérieurs obéissants jusqu'à la mort. En 1524-25, Castellan à Metz, Schuch à Nancy, se livrèrent pour ne pas compromettre les villages où ils prêchaient. Luther désapprouve hautement les paysans révoltés de Souabe (2), en 1525, et les anabaptistes de Munster, en 1535.

Loin de contester l'autorité des princes, Calvin la reconnaît hautement : « Je dy que l'estat de superiorité est de sa nature » digne d'honneur et de reverence, tellement que nous pri- » sions ceux qui president sur nous et les ayons en estime au » regard de la domination qu'ils obtiennent. De cela s'ensuit » autre chose : c'est que les ayant ainsi en honneur et reve- » rence, ils se doivent *rendre suiets à eux en toute obeissance* ; » soit qu'il faille *obeir à leurs ordonnances*, soit qu'il faille » *payer impost*, soit qu'il faille *porter quelque charge publique*

(1) *Guerres de religion*, 82. Voir aussi Doumergue, *Discours de rentrée 1880*.

(2) « *Lettre contre les paysans meurtriers et pillards.* »

» qui *appartienne* à la *defense commune* ou soit qu'il faille obeir » à quelque mandement (1). »

Tout pouvoir vient de Dieu. C'est une vaine occupation aux hommes privés de disputer quel est le meilleur état de police. Si ceux qui vivent sous des princes tirent cela à eux pour révolte, ce seront « folles et séditieuses cogitations » et il ne doit nous venir jamais à l'esprit : « qu'un roy doive estre traité » selon qu'il merite; et il n'est pas raisonnable que nous ne » nous tenions pour suiets de celuy qui ne se maintient point » de sa part envers nous comme roy (2)... »

« Parquoy, si nous sommes cruellement vexez et robbez par » un avaricieux... mettons nous au devant de ceste pensée » qu'il n'est pas en nous *de remedier à tels maux,* mais qu'il ne » reste autre chose que d'implorer le *secours de Dieu* en la » main duquel sont les cœurs des roys et les *mutations des* » *royaumes* (3). »

Voilà le langage des chefs de la Réforme, voilà ces ministres qui, d'après M. Kervyn de Lettenhove, « enseignent publiquement qu'on ne doit « aucun impôt au roi » et que la noblesse n'est rien. » Voilà la « théorie du tyrannicide » enseignée à Genève. Voilà les enseignements de cette Réforme niveleuse et anarchique dans son principe.

Et ce n'est pas seulement dans le calme et le recueillement de ses études, en écrivant l'*Institution chrétienne*, que Calvin parle ainsi d'obéissance et de soumission, c'est encore en pleine lutte politique, au moment où la dictature des Guises va imposer la résistance aux plus soumis.

« Il appert, » dit M. Mignet, « de la lettre écrite par Calvin à Coligny, le 16 avril 1561, que le chef de l'église de Genève désapprouva complètement la conjuration d'Amboise (4). »

(1) *Institution chrétienne*, livre IV, chap. XX, p. 22-23.
(2) *Id.*, *ibid.*, p. 27.
(3) *Id.*, *ibid.*, p. 29.
(4) Voir Jules Bonnet. *Correspondance française de Calvin*, t. II.

2

Calvin s'efforça de « montrer qu'il n'y avait nul fondement, » suivant Dieu, et qu'il n'y avait que légèreté et présomption » selon les hommes. » « Il vaut mieux que nous périssions tous » cent fois que d'estre cause que le nom de chrestienté et » l'Evangile soient exposés à un tel opprobre. »

Ce qu'il dit au milieu des troubles politiques il le dit encore au sein de la persécution la plus terrible, en face des églises bouleversées et terrorisées.

En 1561, l'église d'Aix est dispersée. La populace s'est mise à la poursuite des proscrits. Affolés, surexcités, les martyrs font demander à l'inexorable réformateur si sa doctrine ne comporte pas quelque adoucissement : « Se revenger d'un populaire mutin est-ce troubler l'ordre de justice? »

Calvin répond : « Quelque raison ou quelque couverture » qu'on amène, toute notre sagesse est de pratiquer la leçon » que nous a apprise le Souverain Maître, *à sçavoir, posséder* » *nos vies en patience* (1). »

Est-ce Calvin seul qui parle ainsi? En 1558, Morel, jeune pasteur de Paris, au milieu de l'orage qui s'amoncelle, de tous les présages avant-coureurs de la guerre civile, affirme aussi que *la Bible nous ordonne d'obéir aux lois établies* et prêche à ses coreligionnaires la soumission absolue à ceux qui les persécutent (2).

382-391, Mignet, *Journal des savants*, 1857, p. 415, et *Revue historique*, 1880, Paillard, *La conjuration d'Amboise*.

(1) Doumergue, *Discours de rentrée 1880* (d'après *Lettres françaises* de Calvin, Bonnet, II, 391).

(2) « Multis diebus in censura mercuriali nihil aliud agitatum quam de hæreticis, an morte multandi essent. Permulti senatores rogatum miserunt ut scripturæ locos quibus id prohiberetur breviter collectos ad ipsos mitteremus, quibus omnibus pariter respondimus, nihil esse patrocinii neque in scripturis neque in nobis ad tale dogma constituendum. Nos talem licentiam impune quidvis audendi in causa relligionis non longe anteferre huic tyrannidi qua premimur hoc tempore... » (*Œuvres de Calvin*, édition de Strasbourg. t. XVII. p. 541, *Morellanus Calvino*. 9 juin 1559.)

En 1594, Théodore de Bèze, cet autre apologiste du régicide, écrit après les guerres civiles : « Je n'ai point encore appris par la parole de Dieu, ni par les exemples de toute la » vraie Eglise chrétienne... *qu'il soit loisible aux sujets en* » *bonne conscience d'extorquer de leur souverain magistrat l'exercice de la vraie religion par la voie des armes* (1). »

Voilà les rebelles.

Ici, je le sais, on nous arrête : les huguenots n'en ont pas moins pris les armes en 1562.

Qu'on ne se méprenne pas non plus sur notre pensée. Nous ne nous sommes point proposé de passer sous silence les discordes civiles dont le douloureux spectacle attriste encore nos cœurs français ; nous avons voulu seulement établir quel fut l'esprit qui guida les réformés et le principe qui les fit agir au début du grand mouvement religieux du seizième siècle, « rétablir sans complaisance coupable les faits accomplis, » et à ceux qui nous disent que le protestantisme fut une école de sédition, répondre, par la bouche de ses ministres eux-mêmes, qu'elle a toujours été au contraire une école de soumission, qu'elle a toujours voulu respecter les puissances et les lois.

Mais quand la force s'appelle la violence, la justice la persécution, ce que peuvent souffrir quelques hommes finit par lasser tout un peuple : l'héroïsme et la résignation ne sont que le privilège de quelques grandes âmes ; elles ne sont pas une vertu des masses. A mesure que la Réforme grandit, elle se lassa de souffrir (2).

(1) *Mémoires de Théodore de Bèze sur les guerres de religion*, 1594. (*Bulletin du protestantisme français*, 1872, p. 30.)

(2) Agrippa d'Aubigné a fidèlement traduit les sentiments des huguenots : « Il est à noter pour jamais, » dit-il, « que tant qu'on a fait mourir les réformés sous la forme de justice, ils ont tendu les gorges et n'ont point eu de mains. Mais quand l'autorité publique, le magistrat lassé des feux, a jeté le couteau aux mains des peuples et, par les tumultes et grands massacres de France, a osté le visage vénérable de la justice et fait mourir au son des trompettes et des tambours le voi-

Et d'ailleurs n'était-ce pas l'existence même de la religion qui était en péril, et la sauvegarde de la foi menacée ne suffirait-elle pas à excuser cette dure extrémité? Le protestantisme allait périr s'il n'avisait à sa défense, et ces huguenots que l'on forçait à prendre les armes dans l'affolement des supplices, ce n'étaient pas des rebelles, c'étaient des désespérés.

De quelque côté qu'ils tournassent leurs regards, aucun appui. Partout, au nord comme au midi, on s'accorde pour étouffer la Réforme :

En Angleterre, c'est le terrorisme de Marie la Sanglante ; en Espagne et aux Pays-Bas, les fureurs de l'Inquisition de Philippe II. En Allemagne, où les luthériens sont devenus un parti officiel et reconnu, ils se montrent peu disposés à recommencer la lutte et à porter secours à la réforme calviniste. La Suisse, pensionnée, vendue aux Espagnols et au roi de France, ne peut plus leur offrir aucun appui.

« La Réforme semblait dans un inextricable nœud dont elle » ne pouvait se tirer ; il lui fallait *contre ses doctrines* et *malgré* » *ses docteurs*, devenir une puissance armée, prendre le glaive » de la bataille (1). »

Les provocations, du reste, ne manquèrent pas, et les véritables auteurs de la guerre civile, ce furent ceux qui la rendirent inévitable.

La France obéissait à des étrangers. Gouvernée par des princes de Lorraine, par cette fatale maison des Guises, qui, répudiant la glorieuse politique française du passé, compromettait ses intérêts les plus évidents par des alliances désastreuses, elle acceptait le mot d'ordre que, du fond de l'Escurial, lui adressait le sombre et fanatique Philippe II. Dès le 26 septembre 1560, il faisait adresser par l'ambassadeur de Fran-

sin par son voisin, qui a pu défendre aux misérables d'opposer les bras aux bras, le fer au fer et de prendre d'une fureur sans justice la contagion d'une juste fureur ? »

(1) Michelet : *Guerres de religion*, 156.

çois II, l'évêque de Limoges, la note suivante : « Tout ce qu'on fera en France pour extirper les hérétiques sera bien accueilli en Espagne (1), » et lui-même il écrivait cette apostille sur une lettre du duc d'Albe : « Il s'agit, pour le roi de France, de la » conservation de sa couronne. Il faut empêcher le mal de se » répandre. — ...Détromper la reine mère sur sa confiance dans » les huguenots. Une prompte solution est nécessaire (2). »

Bientôt, la paix honteuse de Câteau-Cambrésis est conclue pour sceller le pacte des Guises et de l'Espagne. Désormais, les forces des deux royaumes vont se coaliser contre l'hérésie. Il faut prendre une résolution suprême; la guerre civile va commencer, mais elle ne sera pas le fruit de quelques ambitions féodales ou de quelques basses rancunes sociales : ce sera l'explosion des indignations honnêtes, la protestation des consciences violentées, la lutte pour la vie, pour la foi, pour la liberté, le cri vengeur de l'âme même de la patrie !

(1) Bibliothèque nationale de Paris, mss. français 15587, cité par Kervyn de Lettenhove, I, 39 (*Les Huguenots et les Gueux*).

(2) *Papiers d'Etat* du cardinal Granvelle, t. IX, p. 594, cité par Kervyn de Lettenhove, II, 251 (*op. cit.*).

CHAPITRE II.

COLIGNY ET SON ROI.

La prétendue rébellion de l'Amiral.

« De tous les chefs protestants, le plus remarquable, sinon » le plus en vue, fut incontestablement l'amiral de Coligny. » Il était la tête du parti, comme lui-même le disait à Char- » les IX en lui montrant son bras mutilé par la blessure de » Maurevel : « Les choses que j'ai faites jusqu'ici, je ne les ai » point faites avec les mains, mais avec l'esprit et l'entende- » ment qui me restent encore. » Le caractère *des premières* » *revendications des réformés* nous fournit donc de *précieuses* » *indications* sur les *secrètes dispositions* de celui qui les diri- » geait (1). »

Ainsi parle M. d'Assy, après avoir esquissé le caractère de la prétendue conspiration protestante que nous venons d'examiner plus haut. Nous avons vu ce que l'auteur catholique et ses partisans entendent par ces « revendications des huguenots ; » nous allons voir ce qu'ils entendent par ces « *secrètes dispositions de leur chef* (2). »

Jeté dans la lutte par « son ambition personnelle, » *chef de rebelles*, Coligny n'est qu'un seigneur « jaloux (3) » et révolté, qui prend les armes contre son prince pour assouvir de basses

(1) D'Assy, *Revue des questions historiques*, 193.

(2) *Id.*, *ibid.*

(3) Kervyn de Lettenhove, I, 75, *op. cit.*

rancunes et réaliser un rêve secret : « le projet maintes fois » caressé de s'emparer de la personne du roi, afin de pouvoir » gouverner en son nom sous l'apparence de la légalité (1). »

« Coligny, » dit encore le même auteur (2), « a toujours » poursuivi avec une ténacité inébranlable, tantôt au grand » jour, tantôt dans l'ombre, un double objectif : sa grandeur » personnelle et l'influence politique de son parti... Au sei» zième siècle, il a tenu entre ses mains le drapeau de l'*insur*» *rection*, et cela suffit pour que les révoltés de tous les temps » l'acclament comme une personnification de leurs idées et de » leurs tendances (3). »

Et plus loin :

« Sous le masque de la vertu rigide et du désintéressement » dont on l'affuble, nous n'avons rencontré qu'un sectaire » hautain et implacable... poursuivant à travers le sang et les » ruines, et jusque dans le crime, la réalisation de ses rêves » ambitieux. Aussi ne pouvons-nous comprendre cet esprit » d'opposition rétrograde, n'admirant dans le partisan du sei» zième siècle que *sa révolte contre l'ordre établi*, et qui, dans » son fanatisme naïf, essaie de transformer ce champion de la » *réaction féodale* en un précurseur de nos révolutions moder» nes (4). »

C'est comme rebelle (5) que M. Kervyn de Lettenhove justifie le meurtre de l'Amiral : « Cette *provocation constante à la*

(1) Kervyn de Lettenhove, I, 198, *op. cit.*

(2) Kervyn de Lettenhove, *Les Huguenots et les Gueux*, I, 201.

(3) *Id.*, *ibid.*, I, 206.

(4) *Id.*, *ibid.*, I, 208.

(5) Il dit dans le portrait qu'il nous trace de Coligny (I, 28) : « Personne ne représentait mieux que lui le *parti de la Réforme* par une *feinte austérité* jointe à une haine profonde des catholiques. Au prêche, c'est bien, comme on l'appelle, le pape des huguenots ; mais si, en sortant de là il est plongé dans ses graves méditations et, par un geste qui lui est habituel, porte son cure-dent à la bouche, qu'on se garde du cure-dent de l'Amiral. Dans cette pensée profonde qui se replie sur elle-même, *se nourrit et mûrit le germe des guerres civiles.* »

» *guerre civile*, cette participation tantôt à des massacres, tan» tôt à des crimes isolés, n'appelaient-elles point enfin un châ» timent (1)? » dit-il en essayant d'expliquer et d'excuser les horreurs de la Saint-Barthélemy.

Voilà l'accusation. Au milieu des protestants révoltés, Coligny, leur chef, a levé le drapeau de l'insurrection. Dans son intérêt personnel, au mépris des lois de son pays, pour briser l'unité française, pour morceler la grande patrie que saint Louis et Louis XI avaient si péniblement groupée autour de leur Ile-de-France, pour relever l'édifice informe de la féodalité, Coligny a fomenté la guerre civile. La défense de la foi n'est qu'un prétexte destiné à couvrir les intrigues secrètes, les ambitions inavouables et jalouses : c'est à l'esprit monarchique qu'il en veut; c'est à cette souveraineté royale qui, seule, pouvait faire le salut de la France en faisant son union, que s'attaque en réalité ce grand seigneur austère (2).

Nous n'avons pas à examiner ici quel fut le rôle joué, dans ces jours de discorde, par les divers chefs du parti huguenot, à rechercher les mobiles secrets qui les poussèrent aux armes. Nous ne prétendons pas non plus qu'il n'y eut pas dans l'armée huguenote, à l'heure où elle se dressa contre l'arbitraire des Guises, des aventuriers ou des ambitieux. L'histoire de nos guerres civiles démentirait une telle assertion, que nous n'avons jamais songé à formuler. Mais ce n'est pas non plus de l'exception qu'il faut faire une règle. Que le frivole et léger

(1) Kervyn de Lettenhove, *op. cit.*, II, 565.

(2) Le but poursuivi n'était pas uniquement l'intérêt religieux. Au fond, le but c'était « l'extension de l'influence de l'aristocratie. » Les chefs des huguenots étaient « de grands seigneurs fort préoccupés de leur fortune. » Il ajoute : « De là le caractère aristocratique et féodal » des premières guerres de religion. Les velléités d'indépendance de la » noblesse, énergiquement comprimées depuis Louis XI, hantaient » encore l'esprit d'un grand nombre de gentilshommes et leur faisaient » apprécier la puissance du levier que le protestantisme pouvait placer » entre leurs mains. » D'Assy, *Revue des questions historiques*, 193.

prince de Condé n'ait pas toujours obéi à la voix seule du devoir, qu'il ait compromis la cause dont il ne voulut être longtemps que « *le chef muet,* » ce sont là des aveux pénibles sans doute, parce qu'ils ont servi de prétexte à nos ennemis pour de bien plus graves reproches ; mais nous n'hésitons pas à les faire, ainsi qu'à blâmer ceux qui ont mêlé leurs ambitions personnelles ou leurs intérêts privés aux justes revendications de la conscience.

Et, d'ailleurs, ce n'est pas à cet insouciant Condé que s'adressent la plupart des accusations de nos adversaires. Ils ont bien compris que « *le chef muet* » n'était pas le véritable inspirateur de la politique protestante, que ce n'était pas lui qui en représentait le véritable esprit. La pensée du protestantisme, l'esprit huguenot était incarné en Coligny. Son but, sa conduite étaient ceux de toute la Réforme française, dont il était l'âme même. Et, par conséquent, nous montrer en lui des rêves ambitieux, un esprit de révolte, c'était, du même coup, réussir à enlever à la prise d'armes huguenote son vrai caractère, et faire passer dans l'histoire ceux qui étaient au rang de victimes à celui de conspirateurs. Quand le résultat de leur enquête, entreprise avec la secrète assurance d'arriver aux résultats prévus, a été de nous présenter le chef des huguenots comme un rebelle et un agitateur, ils se croient en droit de couvrir la cause qu'il servait de l'opprobre dont ils l'accablent et de faire tourner sa honte à la honte de tout un parti.

Par contre, réussir à renverser ces accusations, ne sera-ce pas, du même coup, rendre à ce grand mouvement huguenot de 1560, dont il était le guide et le héros, son véritable caractère, sa vraie signification ?

Entreprenons donc, nous aussi, cette enquête.

Nous voici en 1562. Coligny est le chef incontesté du parti protestant. Comment ? Pourquoi ? Cet homme a un passé : ce n'est pas d'hier qu'il est entré dans la vie politique et qu'il a pris pied dans l'histoire. Fouillons ce passé. Dans quelles circonstances et par quels motifs est-il arrivé à prendre une décision suprême et à se lever contre son roi, si l'étude de son passé nous montre qu'il lui était resté jusque-là fidèle? Quelles furent, en réalité, sa conduite, ses pensées, son but, avant et pendant ces guerres civiles? Telles sont les questions que nous avons à nous poser et à résoudre.

Nommé colonel et capitaine général de l'infanterie française le 29 avril 1547, puis lieutenant général en Boulonnais, il y prend possession, en 1550, pour le roi, de la ville de Boulogne, restituée par les Anglais grâce à *ses propres négociations*. Le 9 septembre 1551, il est nommé, en récompense de ses bons et loyaux services, gouverneur de Paris et de l'Ile-de-France. Les lettres de provision qui lui confiaient cet important gouvernement portent expressément que cette haute faveur a été motivée par la belle conduite du « sieur de Chastillon » dans ses charges précédentes (1).

Le 11 novembre 1552, il est nommé amiral de France et de Bretagne. Le 25 juin 1555, il est appelé au poste de gouverneur de la Picardie et de l'Artois.

En cette qualité, il fut le principal plénipotentiaire de Henri II, lors des négociations de Vaucelles, qui rendront implicitement à la France les Trois-Evêchés, et au sujet desquel-

(1) Delaborde, *Gaspard de Coligny*, I, 103 : « Sçavoir faisons que nous considérant que sçaurions faire meilleure élection en cest endroit que la personne de nostre cher et amé cousin Gaspard de Coligny, sieur de Chastillon-sur-Loing, chevalier de nostre ordre... etc., qui, de ses jeunes ans, a esté nourry prez de nostre personne, et depuis ordinairement fait service au feu roy nostre très honoré seigneur et père, au faict des guerres et à nous pareillement depuis nostre advènement à la couronne ès charges dessus dites, et aultres grandes et honorables où il a par nous esté employé, mesmes pour le recouvrement de nostre ville de Boulogne, et réconciliation et pacifiement de la bonne paix et amitié d'entre nous et le roy d'Angleterre, qui mérite bien que nous l'ayons en bonne et singulière recommandation; pour ces causes... le constituons par ces présentes gouverneur et lieutenant général en nosdites villes de Paris et pays de l'Isle-de-France... etc. »

les le roi de France lui adresse de chaudes félicitations et ses vifs remerciements dans une longue lettre pour le « très notable et très agréable service » qu'il lui a « faict en cest endroict (1). »

D'Abbeville, où il résidait comme gouverneur de Picardie, son incessante activité s'étend sur tout le pays. De nombreuses lettres de lui témoignent de son infatigable sollicitude pour tous les intérêts des provinces qui lui étaient confiées, et du zèle qu'il déploya dans l'exercice de sa charge. Ce qui le préoccupe surtout, c'est de fortifier et de garantir cette province si exposée aux attaques de l'ennemi ; il organise la garde et la défense des places (2), la protection des côtes (3), il fait surveiller les étrangers (4). Il ne néglige pas pour cela les intérêts agricoles ou financiers de la province, règlemente le commerce des grains (5), s'occupe des droits sur les boissons (6), du commerce des chevaux (7).

Pendant ce temps la trêve de Vaucelles était rompue, et la guerre éclatait en Italie et en Champagne. Le duc de Savoie,

(1) « Mon Cousyn..., J'ay entendu particulièrement comme toutes choses sont passées et arrestées, qui est tant et tant à mon contentement et satisfaction, qu'il fault que je vous dise, que vous m'avez faict en cest endroit ung très notable et très agréable service, y ayant conduit les choses à mieux que je n'espéroys, de sorte que j'en remercye Dieu très humblement et de bon cœur, et ay grande occasion de me louer de la prudente et sage dextérité dont vous avez usé en ceste négociation, et d'avoir si bien sceu suivre mon intention que vous en aiez tiré tout l'honneur et l'utilité qui s'en pouvoit désirer, etc... ayant voulu vous renvoyer ce premier courrier pour vous assurer de la satisfaction que j'ay de l'issue de vostre dicte négociation qui ne sçauroit estre plus grande ne meilleure. » (Biblioth. nat., mss. f. fr., vol. 2846. v. Delaborde, I, 180).

(2) *Lettres* des 19 février, 18 et 22 mars, 20 et 22 avril 1557.

(3) 3 avril 1557, *Lettre*.

(4) *Lettres* des 21 avril, 2 avril 1557.

(5) *Lettres* des 22 mars, 1er, 3, 11 avril 1557.

(6) *Lettres* des 9, 27 février 1557.

(7) *Lettres* des 29 janvier, 3 et 20 février 1557.

que Philippe II avait opposé à Montmorency, se porta précipitamment sur Saint-Quentin, après une pointe hardie pour tromper l'armée du duc de Guise. Grâce à la rapidité de ce mouvement, il était impossible d'y faire pénétrer des secours suffisants avant l'investissement complet.

En 1521, Bayard, se dévouant pour la défense de Mézières, avait sauvé la France. Il fallait à ce moment un dévouement semblable pour sauver la patrie. C'était accepter une honte certaine, la captivité probable, ruiner peut-être sa fortune dans l'avenir. Coligny se dévoua. Il revendiqua aussitôt l'honneur d'aller « s'enfermer dans Saint-Quentin, d'y tenir tête aux forces ennemies et d'y sacrifier sa vie, s'il le fallait, pour le salut de la France (1). »

« Je leur respondis en peu de parolles (aux sieurs de Jarnac et de Luzarches qui lui représentent qu'il est déraisonnable de s'enfermer dans la ville), que je les remerciois du conseil qu'ils me donnoient, mais que j'aymerois mieux avoir perdu tout ce que j'avois vaillant que d'avoir failly; pour le moins seroient-ils temoins que je ferois mon devoir d'y entrer... »

« La chose que j'avais moins de regret, » dit-il encore, « estoit de sacrifier ma personne pour le service de la patrie. » Et il se sacrifia pour le service de sa patrie. Il se conduisit en héros. Après un siège meurtrier, sa petite troupe décimée, le valeureux amiral dut rendre la place démantelée; mais il avait arrêté pendant dix-sept jours l'armée des Impériaux, laissé le temps à l'armée française vaincue de se reconstituer et de barrer la route de la capitale aux vainqueurs. Il avait atteint son but, il était sacrifié, mais la patrie était sauve. Les dédains, les calomnies, les reproches ne lui furent pas épargnés; mais, fort de sa conscience, Coligny isolé, silencieux, sous sa tente

(1) Brantôme, t. VI, p. 25 : « M. l'admiral, gouverneur pour lors de Picardie, s'estant jeté dedans Saint-Quentin avecqu'une extrême diligence, belle fortune et grandeur de courage et avec fort peu d'hommes pourtant... »

de Cazères, se recueillait dans le sentiment d'un grand devoir accompli, et l'histoire, plus juste que ses contemporains, lui a décerné le titre de sauveur de son pays (1).

Cet homme, qui faisait ainsi d'avance pour le salut du royaume le sacrifice de sa vie et de sa réputation militaire, s'était déjà préoccupé de jeter les fondements de la puissance coloniale de la France depuis son élévation à la charge d'amiral. Quant il était colonel général de l'infanterie française, il l'avait réorganisée, disciplinée par un nouveau code militaire, en rédigeant ces fameuses *Ordonnances* qui lui valurent les éloges des plus renommés capitaines de son époque.

Au milieu de ces travaux, de ces efforts patriotiques, de ces héroïsmes, de cette vie entièrement vouée à son pays et à son roi je n'ai pas encore trouvé place pour des rêves d'ambitions personnelles ; dans cette activité dévorante au service de la France, dans cette immolation de soi-même aux intérêts supérieurs de la patrie, je n'ai encore découvert qu'une vertu bien rare, celle d'agir sans paraître, de se dévouer sans récompense, et, en regardant de près les pensées, les actions de cet homme, on se voit forcé de répéter le mot de Michelet : « celui-ci est le héros du devoir et de la conscience. »

Il est facile de rester vertueux quand la vertu procure des éloges, et les sacrifices sont plus doux quand on sait qu'on en sera récompensé des hommes. Le dédain, l'ingratitude aigrissent d'ordinaire les caractères les mieux trempés, et c'est une

(1) Trognon, *Histoire de France*, III, p. 220 : « Coligny rendit alors à la France un service digne d'une éternelle mémoire ; il la sauva en lui donnant quelques journées pour se reconnaître. Derrière des murs qui tombaient en ruine et au milieu des terreurs d'une population découragée, il arrêta pendant dix-sept jours avec une poignée d'hommes l'armée victorieuse de Philippe II, et quand les Espagnols entrèrent dans la ville où leur canon avait ouvert onze brèches, Paris en armes ne pouvait plus tomber entre leurs mains. La noblesse française avait eu le temps d'accourir autour du roi et l'ennemi affaibli était hors d'état de poursuivre ses avantages. »

constance bien difficile que celle de se résigner à rester méconnu. Coligny connut cette suprême amertume. La bonne grâce royale, la plus chère et la plus haute récompense qu'il ambitionnât, s'évanouit bientôt; mais sa conduite noble et droite n'en dévia pas. Son pur et ferme cœur ne défaillit pas devant l'injustice. Cet homme, que l'on accuse de sourdes menées contre son souverain, que l'on nous représente impatient du joug et pressé de jeter son pays dans une guerre civile « pour gouverner à la place du roi sous les apparences de la légalité, » reste obstinément attaché et fidèle à ce roi oublieux des services rendus. Il écrit vers cette époque au connétable de Montmorency ces simples mots où ne perce que l'amère tristesse du bon serviteur méconnu : « De ce dernier voiage, je » n'ay eu ny gratieuse parolle, ny aultre démonstration pour » laquelle ny moi, ny les aultres homes puissions juger que le » roy aie contantement de moy. »

Voilà tout. Pas une plainte, pas un reproche, pas ombre non pas de rébellion, de révolte, mais de l'irritation la plus légère. Un grand deuil dans son âme et pas autre chose; le deuil de son pays livré à des mains étrangères, de son roi égaré par de perfides conseils.

Les Guises étaient alors à l'apogée de leur fortune et, avec une habileté féroce, le cardinal chercha à perdre les Châtillons dans l'esprit du roi. Depuis longtemps déjà le crédit de l'amiral, la confiance et l'affection que lui témoignait son roi, diminuaient sous l'influence et sous les efforts combinés des Guises et de la cour d'Espagne, l'un soutenant et poussant l'autre. Le succès des négociations de Vaucelles avait exaspéré les partisans de l'alliance espagnole. On alla jusqu'à rappeler au soupçonneux Henri II l'accueil bienveillant que le vieux Charles-Quint avait fait à Coligny, jusqu'à insinuer que cet incorruptible et loyal sujet s'était laissé corrompre par les ennemis de la France. Mais une raison décisive contribua plus que toutes les autres à augmenter la froideur singulière et inattendue de Henri II, pour celui qu'il avait honoré de son estime et des témoignages de la plus vive affection, ce furent ses sympathies pour la Réforme, que ces Lorrains alliés de l'Espagne catholique exploitèrent habilement. De bonne heure cette sympathie s'était manifestée. L'éducation qu'il avait reçue de sa mère Louise de Montmorency, l'amie des humanistes, l'y avait prédisposé. De bonne heure il s'était senti détaché de l'Eglise catholique, et Bèze affirma que longtemps avant sa conversion définitive à la Réforme, « il cherchait à protéger en toutes circonstances ceux de la religion. »

Ce fut d'Andelot (1) qui, le premier des Châtillons, se rattacha ouvertement à la Réforme et qui initia le premier son frère Gaspard aux doctrines protestantes et, par des entretiens, le conduisit dans la voie nouvelle.

Dans sa captivité des châteaux de l'Ecluse et de Gand après le siège de Saint-Quentin, il s'adonne à la lecture de l'Ecriture Sainte ; peu à peu il entre en relation avec les ministres réformés et, à la mort de Henri II, il fait acte d'adhésion définitive au protestantisme par une lettre qu'il adresse à cette occasion à Catherine de Médicis (2).

Coligny est désormais un protestant, et un fidèle protestant. Il n'y a qu'à lire la confession qu'il a faite lui-même de sa foi, dans le testament retrouvé après sa mort dans ses papiers personnels. Mais cette conversion a-t-elle changé sa conduite? En pénétrant son âme, la religion nouvelle y a-t-elle fait pénétrer aussi le souffle de révolte et de rébellion ? l'a-t-il prise

(1) « M. Dandelot, » dit Brantôme, « avoit épousé toujours pour prison le chasteau de Milan depuis qu'il fut pris à Parme... J'ai ouï dire » à aulcunes et à aulcuns soldats espagnols, vieux morte-payes dans » Milan que, durant sa prison, n'ayant autre exercice, se mit à la lecture et à se faire porter toutes sortes de livres, sans que les gardes le » visitassent, car pour lors l'Inquisition n'étoit si étroite comme depuis, » et que là et que par là il s'apprit la nouvelle religion, en outre qu'il » en avoit senti quelque fumée, étant allé en Allemagne à la guerre des » protestants. »

(2) Voir Delaborde, *op. cit.*, I, 399.

pour abriter une ambition secrète, comme l'affirment ses adversaires, pour se faire le complice et l'appui des fauteurs de guerre civile ?

C'est ici qu'éclatent au contraire la modération et le patriotisme de l'amiral. Egalement dévoué à son pays et à son roi, il prévoyait avec une émotion douloureuse que la lutte allait devenir inévitable entre une partie du peuple, grossissant tous les jours le camp des Réformés, et la puissance royale persécutrice. On se lassait des supplices; il y avait comme un immense frémissement dans tous le royaume, une sourde indignation qu'il sentait prête à éclater. Coligny essaya de préserver sa patrie de déchirements qu'il voyait prochains et d'affermir au dehors sa puissance et sa grandeur tandis qu'il assurait au dedans sa tranquillité. Cette question fut le tourment de sa vie. La conciliation entre l'obéissance au roi et ses sympathies pour la Réforme étaient difficiles. Il crut un instant l'avoir trouvée, et si l'insuccès fut au bout de son attente, il n'en garde pas moins dans l'histoire l'honneur d'avoir tout fait pour préserver son pays des guerres civiles.

Ce fut le but des diverses expéditions coloniales qu'il dirigea vers l'Amérique (1). L'Europe entière, alors comme aujourd'hui, se tournait vers les entreprises coloniales; il ne voulut pas, dans son patriotisme, que la France se laissât devancer dans cette voie par le Portugal et l'Espagne : il revendiqua sa part du nouveau monde; il veut étendre au delà de l'Atlantique la puissance et la gloire de son pays et, dans les nouvelles colonies conquises, offrir un refuge tranquille aux huguenots persécutés. Par delà l'Océan s'élèvera une nouvelle France, riche de son travail et de son commerce, enrichissant elle-même la mère-patrie, tandis que celle-ci, pour toujours débarrassée des persécutions qui la déshonorent, des lut-

(1) *Villegagnon* en 1555, *Jean Ribaud* en 1562 et en 1563, *Laudonnière* en 1564, *Pierre Bertrand* en 1566.

tes civiles qui la menacent, reprendra sa vie tranquille d'autrefois. Tel fut le rêve doublement patriotique de ce cœur noble et généreux. Que serait-il advenu si ses plans s'étaient réalisés? Une France « d'outre mer » protestante, libre, ne s'étendrait-elle pas à présent (comme sa grande sœur de l'Amérique du Nord, fille de protestants persécutés) dans cette immense Amérique du Sud, où a régné longtemps la catholique Espagne? la civilisation ne compterait-elle pas un nouveau peuple, la vérité chrétienne un continent de moins à conquérir (1)? On connaît l'insuccès de l'entreprise de Villegagnon, qui renversa toutes ces espérances. Dès lors l'amiral, mêlé aux guerres, aux événements politiques, ne peut plus s'occuper qu'à de rares intervalles de son grand projet. Une de ses dernières expéditions, celle de Ribaut, est à peine arrivée en face des terres espagnoles du nouveau monde que la guerre civile avec tous ses crimes s'est déjà déchaînée sur la France.

Peu à peu les Guises ont préparé la grande guerre contre les hérétiques et rendu inévitable la prise d'armes huguenote. Ils intriguent en Espagne, en Allemagne, avec le trop crédule Christophe de Wurtemberg, pour enlever peu à peu tout appui et toute espérance de secours aux protestants. Les provocations se succèdent. Dès 1559, Coligny précise nettement son attitude en face des persécutions toujours croissantes et il exprime hautement, en même temps que sa fidelité absolue au roi, sa conviction qu'il s'efforce de faire prévaloir parmi ses coreligionnaires et ses amis politiques : en premier lieu les droits imprescriptibles de la couronne, et la nécessité de la liberté religieuse, en second lieu « le recours à la seule force morale pour la

(1) « Dans son profond désir d'éviter les déchirements intérieurs et » d'assurer la liberté religieuse il avait imaginé... la colonisation pro- » testante de l'Amérique. Ce que les puritains de la Grande-Bretagne » ont fait au dix-septième siècle, il voulut le faire au seizième. S'il eût » réussi, c'est notre langue qui dominerait aujourd'hui dans le nouveau » monde. » Duruy, *Histoire de France*, t. II, 28.

défense d'une cause qui devait rester toujours dégagée de passions personnelles (1). »

L'édit de janvier semble avoir un instant assoupi les discordes prêtes à éclater, quand tout à coup le massacre de Vassy vient exaspérer les huguenots. Désormais c'est de la vie ou de la mort qu'il s'agit. Les édits royaux sont violés. Ce n'est plus le roi, c'est la faction insolente des Guises qui gouverne la France. Supportera-t-on plus longtemps cette tutelle sanglante?

On délibéra sur le parti à prendre. Fallait-il s'armer contre les Guises? Tout était là. Il ne fut pas un moment question de s'insurger contre la reine mère qu'au contraire nous verrons plus loin réclamer le secours des huguenots. Une chose était évidente : le roi n'était plus libre; il fallait lui prêter mainforte, si on voulait empêcher la ruine de la religion (2).

Pourtant, à la veille de s'associer ainsi à la lutte fratricide qu'il s'était efforcé de prévenir, Coligny hésitait encore : « On » assure que Condé attendit Coligny, » dit Michelet, « et que » Coligny attendit sa conscience; que ce grand citoyen, en» trant en considération des maux épouvantables qui allaient » arriver, eut quelques jours d'une profonde mort morale (3). »

Il a sondé sa conscience et il ne sait plus, doute terrible, où est le devoir. Il ne peut abandonner ses frères armés pour la cause de son Dieu. Quoiqu'il ne s'arme que pour défendre un édit solennellement juré, pourtant il ne peut souffrir l'idée d'avoir même l'apparence d'être rebelle. Il entre dans la lutte sans enthousiasme, par le seul sentiment impérieux du devoir.

D'Aubigné, qui eut le privilège d'être le confident de ses patriotiques douleurs, nous révèle toutes les angoisses de l'âme de Coligny et quelle fut l'influence qui vainquit enfin les ré-

(1) Voir Delaborde, I, 409, *op. cit.*

(2) Voir la *Lettre de Coligny à Catherine* (Bersier, *Coligny avant les guerres de religion*, p. 348).

(3) Michelet, *Guerres de religion*, p. 292.

sistances de celui que l'on se plaît à représenter préparant depuis longtemps de funestes complots.

« Une nuit, » nous dit-il, « deux heures après avoir donné le bonsoir à sa femme, il fut réveillé par les chauds souspirs et les sanglots qu'elle jettoit. » Il l'interroge ; et, comme elle renouvelle ses instances et le supplie d'aller arracher « ses frères des ongles des tyrans, » lui montre l'Eglise abandonnée et lui dit « qu'estre sage pour les » hommes, ce n'est pas estre sage pour Dieu qui lui a donné » la science de capitaine. » L'amiral lui répond : « Sondez » à bon escient vostre conscience, si elle pourra diriger » les desroutes générales, les opprobres..., les reproches que » font ordinairement les peuples quand ils jugent les causes » par les mauvais succez..., la trahison des vostres, l'exil au » païs estrange, vostre honte, vostre nudité, vostre faim... » Tastez encore si vous pourrez supporter vostre mort par un » bourreau après avoir veu vostre mari trainé ou exposé à l'ignominie du vulgaire... Je vous donne trois semaines pour vous » esprouver et quand vous serez à bon escient fortifiée contre » tels accidentz, je viendrai périr avec vous et avec nos amis. »

» Mais l'admiralle répliqua : « Ces trois semaines sont achevées... ; ne mettez pas sur vostre teste les morts de trois semaines : je vous somme au nom de Dieu de ne nous frauder » plus, ou je serai tesmoin contre vous en son jugement (1). »

Et d'Aubigné ajoute : « D'un organe bien-aimé et d'une probité éprouvée les suasions furent si violentes qu'elles mirent l'amiral à cheval pour aller trouver les principaux chefs du parti à Meaux (2). »

Dans cet incomparable et tragique dialogue où l'historien de génie nous retrace d'une façon si poignante le combat douloureux qui se livra dans la conscience de Coligny à cette heure solennelle, y a-t-il un seul mot qui ne parte d'un cœur vrai-

(1) D'Aubigné, *Histoire universelle*. I, livre III, ch. II.

(2) *Id.*, *ibid.*

ment Français et vraiment chrétien? Et ne serait-ce pas assez déjà, ne serait-ce pas une preuve suffisante de la noblesse de son âme et de la pureté de ses intentions, si même sa prise d'armes ne trouvait une autre justification, que de voir dans un temps où les partis se préoccupaient avant tout de réussir et de vaincre, où la vérité dépendait des succès de la force, où les princes eux-mêmes cherchaient au delà des frontières des alliés contre leurs propres sujets, en face des basses intrigues et des massacres au mépris de la foi jurée, des provocations de toute sorte, hésiter et lutter douloureusement contre lui-même cet homme aussi impérieusement mis en demeure de défendre sa foi menacée?

Mais voyons bien la situation. De quoi s'agissait-il? Contre qui Coligny se décida-t-il enfin à prendre les armes?

Après leurs longues persécutions et leur silencieux martyre, le droit des protestants s'était imposé enfin à la conscience publique. Il venait d'être écrit dans une loi d'Etat et promulgué par l'édit du 17 janvier 1562. Le gouvernement du roi avait juré de le faire observer. Il s'agissait maintenant de savoir si comme citoyens ils allaient assister passivement à l'annulation de leur droit et à la violation de la volonté royale par une faction fanatique.

Résolument, publiquement, les Guises venaient de violer, à Vassy, l'édit de janvier et s'apprêtaient sans mystère à soutenir par les armes leurs entreprises (1).

Les négociations qui précédèrent la prise d'armes, les efforts des chefs huguenots pour arracher la régente et le jeune roi à la tyrannie des Guises, nous montrent d'une façon évidente que le dévouement et la fidélité au pouvoir du roi furent la seule et vraie raison invoquée par les chefs huguenots et qu'ils se levèrent tous non contre le roi, mais pour le préserver en se préservant eux-mêmes de la fatale influence des usurpateurs du pouvoir suprême (2).

(1) Voir *Négociations entre Philippe II et les luthériens.*

(2) Voir *Lettre de Coligny* du 27 mars à Catherine de Médicis (Dela-

Dans un de ces derniers entretiens avec la reine Catherine, Condé précise à la régente le vrai caractère de leurs revendications et affirme le dévouement des huguenots à la personne elle-même du roi; la reine lui demande de lui amener ses troupes, « quand elle luy manderoit en avoir besoin. » — « A » quoy il lui fit responce... de les luy mener toutes fois et » quantes elle voudroit... avec ceulx qu'il savait être delibé» rez d'employer leur vie pour son service et pour la délivrer » de la captivité où le roy et elle allaient entrer. »

Par deux proclamations du 7 et du 8 avril, Condé faisait connaître à toutes les églises réformées, à la France entière et aux pays étrangers, les raisons et le but de la prise d'armes, en protestant solennellement de sa fidélité au roi et à la régente (1).

Dans la première, il expose les raisons de la résistance armée des protestants « aux violences et efforts que les ennemis » de la religion chrestienne qui tienent nostre roy et nostre » royne captifs s'efforcent de faire pour empêcher la déli» vrance de leurs majestez et exécuter leurs desseyns (2). »

Dans la seconde, il proteste longuement contre l'attitude des triumvirs « devant le roy et la royne et désire que tous les » rois, princes, potentats, amis et alliés de cette couronne, avec » toute la chrestienté, soyent advertis du fait tel qu'il est. »

Premièrement, il protesta que « *ce n'est nulle passion particulière* qui le mène; ains que la seule considération de ce qu'il doit à Dieu, avec le devoir qu'il a particulièrement à la couronne de France le contraignent à chercher tous les moyens licites pour mettre en pleine liberté *la personne du roy, la royne et messieurs ses enfants, et maintenir l'observation des édits et*

borde, II, 48); *Mémoires de Jean de Parthenay* l'Archevêque, sieur de Soubise (Delaborde, II, 52). Voir Lanoue, *Discours politiques et militaires*, p. 660.

(1) Voir le texte complet, Delaborde, *op. cit.*, II, p. 65-66.

(2) *Mémoires de Condé*, t. III, 221.

ordonnances de sa majesté, et nommément le dernier édict intervenu sur le faict de la religion. » « Et pour ce que l'on sçait bien, » ajoute-t-il, « que le roy et la royne, reverez, honorez et uniquement aimez de tous leurs subjets... sont *environnez d'armes et de personnes qui forcent leurs volontez* (1). »

Un autre document, plus important encore, nous donne la pensée même de Coligny. C'est le *traité d'association* conclu à Orléans entre les principaux chefs protestants et qu'il rédigea lui-même en grande partie :

« Nous soussignez, n'ayant rien en plus grande recommandation, après l'honneur de Dieu, que le service de notre roy et la conservation de sa couronne pendant sa minorité, soubz le gouvernement de la royne sa mère, voyant l'audace et ambition d'aucuns des subjects dudit seigneur mesprisans sa jeunesse, avoir été si grande..... qu'ils ont bien osé s'assembler et prendre les armes contre les édictz, pour avec icelles mettre à mort ung bon nombre de ses pauvres sujets.... à ces causes, désirons à nostre pouvoir, remettre sa maiesté et sa couronne en sûreté, et la royne en son autorité et aussi conserver les pauvres fidèles de ce royaulme en la liberté de conscience qu'il a pleu au roy leur permettre par ses édicts.... et avons esté comme *bons et loyaux subjects forcez et contraincts de prendre les armes ;* c'est le moyen que Dieu nous a mis en mains contre telles violences. »

« Nous protestons que nous n'apportons en cette sainte alliance aucune passion particulière, ni respect de nos personnes, biens et honneurs, mais qu'entièrement nous n'avons devant les yeux que l'honneur de Dieu, la délivrance des majestez du roy et de la royne. Ceste présente association est inviolable jusqu'à la majorité du roy ; c'est assavoir jusqu'à ce que sa majesté étant en aage, ait pris en *personne le gouvernement de son royaume,* pour lors nous submettre à l'*entière obéissance et subjection de sa simple volonté.* Auquel temps nous espérons

(1) *Mémoires de Condé*, t. III, 222 et suivantes.

luy rendre si bon compte.... qu'on congnoistra que ce n'est point une *ligue ou monopole défendu,* mais une *fidèle et droite obéissance pour l'urgent service et conservation de leurs maïestez.* »

Ce traité fut signé à Orléans le 11 avril, et le même jour, les chefs associés en témoignage de leur dévouement à la couronne de France adoptèrent le port de *la casaque et de l'écharpe blanche.* « En réponse à cet hommage rendu par de vrais Français à « la couleur du roi, » les triumvirs eurent l'impudence d'afficher leur asservissement à Philippe II en prenant *la casaque et l'écharpe rouge d'Espagne* (1), » et contraignirent le jeune roi de France à porter cette livrée de l'étranger.

Peut-on appeler sans mauvaise foi rébellion une conduite aussi modérée et aussi loyalement justifiée?

Mais les adversaires de Coligny ne se tiennent pas pour battus, et ces belles paroles, ces protestations de dévouement, disent-ils, n'étaient qu'un masque destiné à couvrir leurs secrètes intrigues. La captivité et l'asservissement du roi étaient un mensonge (2).

Il ne nous reste plus qu'à examiner cette dernière assertion.

Or dans l'ouvrage même de M. Kervyn de Lettenhove, qui nie énergiquement cette dépendance du roi aux volontés des Guises, je trouve qu'à propos de la proclamation du 11 décembre 1562, Catherine de Médicis affirme énergiquement, *sous le nom de Charles IX,* qu'elle a été publiée *à l'insu du roi* (3).

Ainsi au nom de la France, au nom du roi, les Guises tout-puissants promulguaient des édits sans même consulter l'autorité royale. Peut-on avouer une sujétion plus complète?

M. Kervyn de Lettenhove, des lettres de Chantonay et de l'ambassadeur Vénitien Nicollo Tornabuoni me fournissent encore la preuve de l'attitude de révolte du roi, vis-à-vis des

(1) Delaborde, II, 172, *op. cit.*
(2) Kervyn de Lettenhove et d'Assy.
(3) Kervyn de Lettenhove, *op. cit.*, I. 133.

Guises dès le mois de juin 1562, c'est-à-dire au moment de la prise d'armes. « Il (le roi de France) déclare tout haut qu'il » veut se venger des Guises. Condé, » dit-il, « est l'un des » bras de mon corps ; mon corps a besoin de ses deux bras (1). »

Les lettres que Catherine écrit en ce moment en son nom et au *nom de son fils* aux chefs réformés, malgré les temporisations et les duplicités de cette nature inconséquente et faible, ne laissent non plus aucun doute à ce sujet. Les chefs protestants furent encouragés à prendre les armes par le roi lui-même qui les appelait à sa défense. Nous avons déjà rapporté l'entretien de la reine avec Soubise, et les paroles significatives qu'elle prononça à cette occasion (2).

Voici une lettre de la reine mère à Condé, de la même époque :

« Mon cousin, je vois tant de choses qui me desplaisent que si ce n'était la fiance que j'ay en Dieu et asseurance en vous que *m'aiderez à conserver ce royaume* et le service du roy mon fils, en despit de *ceux qui veulent tout perdre*, je seroys encore plus faschée ; mais j'espère que *nous remédierons bien à tout avec vostre bon conseil et ayde ;* et pour en avoir dit à ce porteur mon avis bien au long, je ne vous en ferai redite par la présente, et vous prieray de croire de ce qu'il vous en dira à tous deux (3) de la part de vostre bonne cousyne. Catherine. »

Autre lettre (4) :

« Je vous remercie de la peine que prenez de si souvent me mander de vos nouvelles.... et vous prie..... vous asseurer que jamais je n'oublieray ce que faites pour moy ; et si je meurs avant avoir le moyen de le pouvoir de le recognoistre, comme j'en ay la volonté, j'en lairray une instruction à mes enfants. Je dis à ce porteur aucune chose pour vous dire, que je vous

(1) Kervyn de Lettenhove, *op. cit.*, I, 84.

(2) Voir ces lettres et les notes, p. 213, *Mémoires de Condé*, III.

(3) En marge : « l'amiral de Coligny. »

(4) Voir ces deux lettres, *Mémoires de Condé*, III, p. 214-215.

prie croire ; et m'asseure que cognoistrez que tout ce que je fays c'est pour remettre tout en paix et en repos, ce que je sçays que désirez autant que vostre bonne cousyne. Catherine.

» Et à costé est escrit : S'il vous plaist vostre femme et belle-mère et *vostre oncle* (1) trouveront icy ma recommandation. »

En voici une (2) écrite à Melun, quand le duc de Guise allait conduire le roi et sa mère à Paris : « Mon cousin, j'ay parlé à Yvoy aussi librement que si c'estoit à vous-mesme, m'asseurant de sa fidélité, et qu'il n'en dira rien qu'à vous-mesme et que vous n'allegueurez jamais et aurez seullement souvenance *de conserver les enfants et la mère et le royaulme* comme celui à qui il touche et qui se peult asseurer que ne sera jamais oublié (3). »

Les témoignages des contemporains confirment toutes ces dispositions (4). Mergey dit qu'au moment où elle envoya cette lettre à Condé, elle le chargea de dire au comte de la Rochefoucauld qu'il ne fît point de difficultés à se joindre au prince de Condé. Tavannes (dont le témoignage n'est pas suspect), découvre, dans la malle d'un joueur de luth, des lettres où la reine mère priait la duchesse de Savoie de favoriser les huguenots (5).

« Il semblait à quelques-uns, » dit Castelnau, « que la reine inclinoit à la faveur des protestants (6) »

On lit encore, dans une lettre de Chantonay à Courtenville, du 15 septembre 1562 : « La royne procède fort froidement au chastoy des rebelles et est merveilleusement facile à leur pardonner... et eulx se vantent qu'ils sçavent bien à quel titre et *sous la faveur de qui* ils se sont mis à leur entreprinse (7). »

(1) En marge : « Coligny. »

(2) D'après M. Kervyn de Lettenhove, *op. cit.*, I, 91 (texte vérifié).

(3) Au bas : « Bruslez ceste lettre incontinent. »

(4) Kervyn de Lettenhove, I, 92 (Mémoires de Mergey).

(5) *Mémoires du marquis Gaspard de Saulx-Tavannes.*

(6) *Mémoires de Castelnau*, livre III, ch. III.

(7) Chantonay à Courtenville, 6 août 1562.

De son côté, Trokmorton affirme que les huguenots agissaient de l'aveu de la reine de France.

C'était donc pour défendre *la loi* que s'armaient les protestants. Coligny ne cessait pas en réalité, au moins dans sa pensée et dans sa conscience, d'être un fidèle sujet, car ces lettres de la régente s'adressaient à lui aussi bien qu'à Condé (1), et ces appels de son roi vainquirent sans doute ses dernières hésitations. Les termes de sa proclamation si ferme et si loyale ne permettent pas d'en douter, et les paroles que prononce à ce sujet Théodore de Bèze nous paraissent être l'expression vraie de la pensée des chefs huguenots et surtout de notre grand patriote :

« Ce seroit une calomnie par trop effrontée de bailler le nom d'esmotion et rebellion contre le roy et le repos public à une si juste et totalement nécessaire défensive contre tels et si horribles violateurs de tout droit divin et humain, osant bien cependant couvrir tout cela de l'authorité d'un roy mineur, captif entre leurs mains, avec une femme, sa mère, et des parlements choisis et prattiqués après en avoir deschassé tous ceux qui pourroient s'opposer au mal ; défensive, dis-je, très juste, puisqu'il n'y a pays au monde auquel les loix n'arment tous loyaux subjects, voire jusques au plus petit, pour rendre fort le bras de justice contre les ennemis publics, qui ne peuvent autrement estre réprimés (2). »

Les « vraies responsabilités » nous paraissent suffisamment établies, et nous n'avons pas d'autres conclusions à formuler à la fin de ce chapitre et d'autre réponse à faire aux attaques passionnées et à ceux qui veulent nous présenter comme un insurgé notre grand huguenot, que ces paroles du comte Delaborde qui caractérisent nettement la situation (3) : « La vérité se

(1) Voir plus haut, page 40, note 1 et page 41 note 1.

(2) *Mémoire sur les guerres de religion*, rédigé en 1594 par Th. de Bèze (*Bull. de la Soc. de l'hist. du prot. fr.*, t. XXI, p. 28 et suiv.).

(3) Delaborde, *op. cit.*, II, 46.

» dégage aux yeux de tous nettement sous un double aspect :
» du côté des triumvirs et de leurs adhérents, elle est celle
» de *rebelles* qui s'insurgent contre la royauté et contre le
» droit, solennellement établi, des sectateurs de la religion
» réformée ; du côté de ceux-ci et du prince leur protecteur,
» elle est celle d'hommes de foi et de *sujets fidèles*, mis en de-
» meure, par une agression violente, de défendre conjointe-
» ment la religion, la royauté, la loi et leur propre per-
» sonne (1). »

(1) « Ce qui servit beaucoup le parti calviniste, dans les guerres reli-
» gieuses, ce fut de s'autoriser d'un édit royal et d'agir en quelque
» sorte avec l'assentiment de la royauté. Les violences du triumvirat
» catholique, qui rejeta arbitrairement une concession légale faite par
» la couronne, qui s'empara du jeune roi et de la reine sa mère, rete-
» nus, malgré les larmes de l'un et les protestations de l'autre, dans une
» sorte de captivité, permirent aux huguenots de se lever, de s'armer,
» de combattre tout à la fois pour le maintien de leurs croyances per-
» sonnelles et la défense de la majesté royale méconnue. » Mignet,
Journal des savants, 1860, p. 97.

CHAPITRE III.

COLIGNY ET SON PAYS.

La prétendue trahison de l'Amiral.

Nous voici maintenant en face de l'accusation principale formulée contre les huguenots et contre leur chef. C'est la plus commune et la plus grave. Bien des gens, et les moins prévenus, l'admettent comme évidente, et, souvent répété comme une vérité banale, ce reproche a été accepté sans examen, même par les écrivains les plus impartiaux : c'est la connivence des huguenots et de Coligny avec l'étranger. Les protestants ne furent pas seulement des factieux : ils furent aussi des *traîtres*. Coligny ne fut pas seulement un rebelle : il fut aussi un mauvais Français. Non content d'ensanglanter la France et de la diviser avec elle-même, de morceler la patrie au profit d'ambitions personnelles et d'intérêts féodaux, il a voulu la livrer à l'ennemi, à ses coreligionnaires étrangers ; il a froidement négocié l'invasion du sol français et abdiqué son indépendance au profit de princes ennemis.

Cette accusation, nous l'avons trouvée sous toutes les formes, plus ou moins nettement articulée, dans la plupart des nombreux ouvrages dont ce travail a nécessité la lecture.

C'est sans passion et sans parti pris que nous en avons entrepris l'examen, quoique la violence de certaines attaques nous permît déjà de prévoir qu'elles devaient recouvrir quelques inexactitudes et beaucoup d'exagération.

Dans de récents ouvrages publiés sur le seizième siècle et sur les guerres de religion, ces attaques ont été renouvelées avec plus d'insistance et d'indignation, et le projet du monument Coligny est venu surexciter encore la rancune de ses adversaires.

Une certaine presse s'est attachée à « ramener, » selon la propre expression de l'un de ses rédacteurs, « à des proportions exactes et vraies le héros de la légende dorée protestante, » à réparer « cette aberration de l'esprit de parti, » à nous présenter sous son véritable aspect « ce héros surfait que l'étroit égoïsme d'une secte voudrait placer au rang des grandes illustrations de notre pays (1). » Et, toujours avec la même apparence de critique consciencieuse et impartiale, de nombreux documents sont venus affirmer à la France que celui qu'elle se proposait d honorer comme un de ses glorieux fils et comme un martyr n'était qu'un Anglais vendu à la reine Elisabeth et aux Allemands. « Ses principales actions, » dit M. Kervyn de Lettenhove, « ont été dirigées contre son Dieu, la religion dans laquelle il avait été baptisé, son roi et son pays (2). » La plus grande partie du premier volume de son grand ouvrage sur *Les Huguenots et les Gueux* est consacrée à nous montrer, avec une indignation croissante, les relations incessantes des huguenots avec l'étranger et à couvrir de mépris « les chefs d'un parti qui se prétend national (3). »

Dans un article du journal *La Liberté* (7 avril 1884), M. Edouard Drumont, le bruyant auteur de la *France juive*, rassemble toutes les accusations de l'historien belge, qu'il devait reprendre encore et développer dans le récent ouvrage que nous venons de citer. « L'Angleterre, » dit-il, « ouvre une » souscription pour élever une statue à l'amiral. A dire vrai, » la statue anglaise me paraît plus logique que la statue fran- » çaise que veulent ériger les protestants français. L'amiral de » Coligny fut tout à fait *Anglais de cœur*, et, s'il n'eût tenu » qu'à lui, l'Angleterre fût restée en possession de cette cité

(1) D'Assy, *Revues des questions historiques*, p. 208.
(2) Kervyn de Lettenhove, *Les Huguenots et les Gueux*, I, p. 28.
(3) Kervyn de Lettenhove, *op. cit.*, I, p. 76.

» qui, longtemps après Jeanne d'Arc, rappela la domination » étrangère chez nous, dans cette ville de Calais que Henri de » Guise rendit à la France et dont la prise fit mourir de cha- » grin Marie Tudor (1). »

M. Drumont termine ainsi son article : « Il faut aimer la vérité pour elle-même. A des personnages fictifs comme le Coligny légendaire, il faut opposer le personnage réel et demander aux Anglais, qui se proposent d'élever une statue à l'homme qui a voulu leur livrer Calais, ce qu'Elisabeth aurait fait à l'amiral anglais qui aurait voulu livrer Douvres aux Français. »

L'indignation de M. d'Assy n'est pas moindre contre celui qui, « trahissant ses devoirs d'amiral de France pour obtenir l'appui de la reine d'Angleterre, lui ouvre Dieppe et le Havre, et s'engage à lui ouvrir Calais. »

Le but de ces attaques est double. D'un côté, les protestants et Coligny nous sont représentés comme des hommes dévoués à la cause étrangère, coalisés contre les intérêts nationaux, traîtres à leur pays et à leur roi, tandis qu'on s'attache à nous montrer, d'autre part, leurs adversaires comme les véritables représentants de la politique nationale, animés du plus pur esprit patriotique. Les Guises sont l'objet d'une prédilection particulière, et leur attitude est constamment mise en contraste avec celle de Coligny et des chefs huguenots :

« Seul, le duc de Guise, le vainqueur de Calais, a une âme grande et généreuse, » dit M. Drumont (2).

Après avoir flétri l'alliance des huguenots et des Anglais, M. Kervyn de Lettenhove ajoute aussi : « Le cardinal de Lorraine exprimait *une pensée nationale* quand il disait de Condé et de Coligny qu'ils n'étaient que des traîtres, puisqu'ils introduisaient en France les plus grands et les plus anciens ennemis du royaume (3). »

(1) Voir aussi, *La France juive.*

(2) *Liberté* du 7 avril 1884. V. aussi *La France juive.*

(3) Kervyn de Lettenhove, *op. cit.*, I, p. 101.

Ainsi présentée à des hommes du dix-neuvième siècle, sous cette forme nette et brutale, soit avec l'autorité et sous le couvert d'un nom illustre, soit avec le ton tranchant et assuré d'un homme sûr de lui-même et qui paraît n'avancer qu'une opinion fortement étayée de preuves sans réplique, l'accusation est grave et terrible. Grâce aux contrastes habilement et déloyalement ménagés entre les huguenots et leurs adversaires, la faute est sans excuse.

Notre dessein n'est pas de tout justifier sans restriction et de juger par avance le débat sans en avoir mûrement examiné les points contestés ; mais il nous semble qu'il y a déjà, dans cette manière de présenter à un public français une accusation aussi générale et dont les termes, correspondant avec les idées actuelles, éveillent en nous des sentiments et des pensées inconnues aux hommes que l'on veut combattre, un manque de loyauté historique.

Il ne faut pas l'oublier, et lorsqu'on veut être un juge vraiment impartial des choses du passé, il faut savoir quelquefois sortir de soi-même, sacrifier ses préventions, ses idées acquises, pour vivre de la vie et dans les sentiments de ceux dont on raconte l'histoire.

L'idée de patrie, telle que nous l'avons de nos jours, est une idée relativement récente. A une époque de bouleversements et de transition comme celle où s'agitent et agissent les hommes dont nous avons à juger les sentiments, ce serait un étrange anachronisme que d'en rechercher et de prétendre en trouver la manifestation. La patrie, ce grand refuge maternel, cette terre nationale et sacrée, cette grande France dont nous aimons à rappeler les gloires, dont les défaites font saigner nos cœurs et qui nous retrouve tous, au jour du danger, debout pour elle, la grande unité nationale en un mot, unité territoriale et politique, qui fait qu'à cette heure l'habitant du Midi, fils des vieilles races romaines, se sent le frère et le concitoyen du Français du Nord, issu des races barbares de la Germanie, l'unité nationale, n'existait pas encore. L'œuvre avait été commencée, mais Richelieu seul devait enfin briser les derniers vestiges de la féodalité, rassembler et grouper en un seul faisceau les petits Etats qui la composent, et, seul, il put dire : « Aussi loin qu'allait la Gaule, aussi loin ira *la France.* »

Le seizième siècle fut la période intermédiaire entre la féodalité du moyen âge et la France une et monarchique, constituée par le grand ministre de Louis XIII. A demi féodale, à demi monarchique, cette époque confuse et troublée conservait encore bien des idées du passé et n'avait encore acquis que bien peu de celles de l'avenir. On ne s'était pas encore habitué à cette idée d'une patrie une, inviolable, sacrée ; il y avait des héroïsmes, des dévouements particuliers à une cause, à un homme, au roi, par exemple ; mais le culte du sol, la jalouse préoccupation d'en sauver l'intégrité, tout ce que nous résumons, de nos jours, dans le mot *patriotisme*, étaient autant de sentiments à peu près étrangers aux hommes de cette époque, et les devoirs qui nous paraissent impérieux étaient, chez eux, encore confus et peu précis. Duplessis-Mornay fait remarquer, dans un de ses discours, que l'alliance avec l'étranger était un acte qui, au temps de Charles IX, était commun, et qui faisait partie des mœurs politiques de l'époque.

Il est vrai que, sur ce point, certains hommes avaient devancé leur siècle ; mais, malgré ces rares exceptions (et nous croyons que, malgré tout, Coligny fut du nombre), pour apprécier sainement la conduite générale et l'attitude des divers partis dans les guerres religieuses, il importe de se rendre compte de cet état presque universel des esprits.

Mais il y a plus, et ce n'est là qu'un des éléments de notre jugement.

Enoncer le fait dans une concision accusatrice ; placer, à côté de ce fait, une affirmation absolue et une appréciation qui se fonde sur une façon tout à fait moderne de voir et de juger les choses, c'est encore être un historien injuste et peu scrupuleux.

Avant de formuler un jugement quel qu'il soit, il importe

de se rendre compte des circonstances au milieu desquelles les faits à examiner se produisirent, des événements qui les provoquèrent, des motifs secrets ou avoués qui les ont inspirés. Il est facile de résumer une situation en quelques mots. Les résumés ont le mérite de la clarté ; ils ont pour avantage de ne pas nécessiter, de la part du lecteur, de grands efforts de pensée ; mais, en histoire, plus peut-être que partout ailleurs, il faut se défier des vues d'ensemble et des affirmations absolues. La vie est faite de petites choses, a-t-on dit ; la vie des peuples est comme celle des individus, et souvent, dans l'histoire, c'est dans les événements les plus infimes en apparence qu'il faut chercher la vérité.

C'est ainsi seulement qu'on peut saisir la véritable physionomie d'une époque et pénétrer souvent certains desseins qui semblaient incompréhensibles, quand on n'avait pas replacé leurs auteurs dans les circonstances et dans la situation où ils les ont formés et accomplis.

Ce sont ces circonstances et cette situation qu'il importe d'examiner maintenant. La comparaison désavantageuse que les adversaires de Coligny font obstinément de ses actes et de ceux du duc de Guise, nous indique elle-même le plan que nous allons suivre, et, sans nous attacher à la dépeindre dans les plus grands détails, nous allons essayer de retracer la conduite des deux partis, nous tenant seulement sur le domaine des faits et nous réservant de porter, dans un chapitre spécial, un jugement d'ensemble sur la politique générale des Guises et de Coligny.

Au début de son règne, Henri II, resté fidèle à la politique de son père, à la vraie politique de la France, l'écrasement de la puissance hispano-autrichienne, qui menaçait l'indépendance et la sécurité de l'Europe, avait entrepris la lutte avec les armées impériales. Cette lutte ne fut pas sans gloire, puisqu'elle nous valut la possession des Trois-Evêchés. Mais quand Charles-Quint, las du pouvoir suprême, se fut exilé à Saint-Just, les choses changèrent de face.

Philippe II voulait arriver à dominer l'Europe par une autre voie que son père, et il confondit les intérêts de sa sombre politique avec ceux de la religion, qu'il se crut appelé à défendre. Il se proposa la double tâche d'arrêter les progrès de l'islamisme sur la Méditerranée, ceux de la Réforme au nord des Pyrénées (1).

La moitié de l'Allemagne, les Etats scandinaves s'étaient séparés de Rome, et la Réforme, étouffée en Italie, en Espagne, faisait des progrès en France, se répandait dans les Pays-Bas, et triomphait en Angleterrre. La guerre avec le roi de France lui parut antipolitique et il désira conclure la paix afin d'attacher le gouvernement des Guises à ses desseins (2).

Ainsi fut conclu sous l'inspiration espagnole le funeste traité de Cateau-Cambrésis, par lequel le roi de France et les Guises étaient désormais rivés à la politique de Philippe II, livrés pieds et poings liés à son bon plaisir. Le roi d'Espagne eut l'infernale habileté, conseillé et soutenu par son ministre l'évêque d'Arras, le futur cardinal Granvelle, d'associer désormais les Guises à son œuvre en leur montrant les dangers que faisait courir au catholicisme la guerre entre la France et l'Espagne. En les poussant à coaliser contre les hérétiques les forces des deux royaumes, il fait briller à leurs yeux l'ambition de devenir avec lui les chefs d'une véritable croisade ; il leur offre un brillant rôle politique à jouer. Les Guises l'acceptent, et c'est ainsi que, grâce à l'étranger, par son intervention, par l'alliance conclue dès 1558 avec lui, les Guises deviennent les chefs du parti catholique en France, les conseillers de la cou-

(1) Kervyn de Lettenhove, *op. cit.*, I, p. 10.

(2) « Philippe II conçut le dessein d'écraser le protestantisme ; il voulut se faire le chef armé du catholicisme par toute l'Europe, le bras séculier du Saint-Siège, l'exécuteur des sentences de l'Eglise. Sa foi et son ambition étaient d'accord ; car, s'il tuait l'hérésie, il comptait bien que ce ne serait pas seulement au profit de l'orthodoxie chrétienne, mais au profit de son pouvoir et que l'unité de religion amènerait l'unité de l'Empire » (Duruy, *Histoire de France*, II, p. 684).

ronne. La politique française est entre les mains de l'Espagne, la France est livrée à son plus ancien ennemi.

Dès 1558, Granvelle a eu à Péronne des entretiens secrets avec le cardinal de Lorraine, sur la nature desquels la relation de l'historien de Thou ne laisse aucun doute (1).

Quelques mois après, les 2 et 3 avril 1559, les négociations aboutirent à deux traités conclus par le roi de France, l'un avec la reine d'Angleterre, l'autre avec le roi d'Espagne.

Tous deux furent désastreux ; le premier portait : « Que Calais resteroit au roi avec le territoire qui en dépend, mais qu'au bout de huit ans ce prince le rendroit aux Anglois, ou cinq cens mille écus d'or pour équivalent ; Que le roi promettoit d'exécuter cet accord de bonne foi et donneroit pour sûreté tels gentilshommes françois en otage que la reine voudroit choisir (2). »

(1) « Antoine Perraut, évêque d'Arras, eut, avec le cardinal, des conférences secrètes dans lesquelles il lui représenta que le roi d'Espagne était très fâché que des guerres allumées par des motifs d'ambition entretinssent une dissension fatale au vainqueur même.... qu'au reste les deux nations avoient un ennemi beaucoup plus dangereux qu'elles nourrissoient dans leur sein : l'hérésie, qui a la faveur de la dissension des princes, répandoit son poison et qui, en attaquant la religion, corrompoit tous les cœurs... qu'une paix sincère, solide et sans aucune supercherie, pourroit seule étouffer ce monstre.... que le génie tutélaire de la France avoit conservé au milieu des malheurs qui l'avoient accablée, le cardinal et le duc de Guise son frère pour exécuter un projet si salutaire à leur roi et qui inclineroit la gloire de Dieu même.... et qui combleroit de gloire la maison de Guise. »

L'évêque d'Arras, voyant que la ruse réussissait, nous dit de Thou, ajoute encore : « Mon maître ne désespère pas de réussir en cette grande affaire (étouffer l'hérésie), si vous voulez y concourir avec lui et l'aider de vos conseils ; il vous demande votre amitié comme il vous offre la sienne par mon ministère en vous engageant sa foi qu'il sera toujours votre protecteur et celui de votre illustre maison » (De Thou, *Histoire universelle*, t. II, p. 563-564).

(2) V. de Thou, II, 661. — V. le texte latin de ce traité dans le t. I, p. 68-77 de l'ouvrage de Forbes : *A full view of the public transactions in the reign of Queen Elisabeth*. London, 1740.

Le deuxième, uniquement inspiré par le désir de travailler sans entraves à l'extermination des protestants (1), sacrifiait tous les intérêts de la France, en restituant toutes les conquêtes de la dernière guerre et en livrant cent quatre-vingt neuf villes ou châteaux qu'elle occupait aux Pays-Bas ou en Italie, contre Saint Quentin, Ham, le Câtelet, et quelques places sans importance.

La douleur fut grande dans tout le royaume (2). L'Espagne inaugurait sa domination par une humiliation nationale ; le cardinal de Guise qui avait négocié cette paix, le roi de France qui l'avait consentie, dans leur haine contre la Réforme, inauguraient honteusement leur servitude.

Désormais la France était à la merci de Philippe II ; la politique des Guises ne suivra plus que la direction du « démon du Midi ; » à toute heure elle demandera le secours des Espagnols ; tout va se faire sous leur protection.

En 1560, au premier bruit du complot d'Amboise, l'évêque de Limoges ambassadeur de François II en Espagne, réclame l'assistance de Philippe II. Il y eut un échange très actif de lettres (3) entre Chantonay son frère et les Guises à ce sujet. Philippe II écrivit lui-même plusieurs lettres qui nous

(1) « Et disoit le commun que les deux roys faisoyent la paix pour faire la guerre aux luthériens ; l'un et l'autre roy faisant grande déclaration qu'ils avoyent un singulier désir de donner bon ordre à la religion pour autant qu'ils avoyent tous les jours nouvelles que le nombre des luthériens ne cessait de croitre en leurs pays et estoyent fort excités de ce faire par le cardinal de Lorraine et l'évêque d'Arras, prélat non moins affectionné au siège romain, de la part du dict Philippes et des premiers de son conseil, auquel bientôt après le pape envoya le chapeau de cardinal. » Voir aussi Bayle : *Dictionn. hist. et critique*, art. *Henri II*.

(2) V. Bayle, *Dictionnaire historique et critique*, II, article *Henri II*, note C et suivantes.

(3) Voir toutes les pièces relatives à cette correspondance très importante dans la *Revue historique*, 1880. (*Conjuration d'Amboise*. Paillard. *Additions critiques*.)

montrent à quel point était arrivée l'immixtion du roi d'Espagne dans les affaires de la France. Il promettait formellement son secours armé (1).

En avril 1561, après que, grâce aux conseils de l'Hôpital; un édit de pacification avait été promulgué, le clergé de France, irrité de ce que le chancelier préparait une ordonnance pour enjoindre aux bénéficiers de donner sous deux mois déclaration des biens et revenus des bénéfices, en appelle à Philippe II, et, avec l'appui des Guises, lui envoie un messager secret, le prêtre Arthur Didier.

L'influence de Philippe II pesait lourdement et de plus en plus sur la France. Déjà, du vivant de François II, il avait signifié qu'il ne voulait point de concile national, et il fut obéi (2). Nos prélats se rendirent à son concile de Trente.

Aussitôt après la mort de François II, les Guises rendirent plus étroite leur alliance avec l'Espagne. Chantonay, le frère de

(1) « Monsieur de Guise m'a dit qu'il est venu nouvelles de la part du roy d'Espaigne qui s'offre à favoriser le roy de ce qu'il pourra et mande que si on a besoin de ses vaisseaulx et Espaignols qui sont en Flandre, que l'on s'en serve... » (*Post-scriptum de la lettre de d'Andelot au connétable de Montmorency*, 26 mars 1560.)

Le duc d'Alva écrivait à l'évêque de Limoges :

« Al principio de abril 1560. — In fine. — Mas que sobresto miraria en lo que convendria mas a servicio de dios y à la reputacion del rey de Francia y seguridad de Ingleterra, y despues seria contenta Su Majestad Catolica, de ayudarle contra sus enemigos y que, para todos acrescimientos el rey se armaria para un effecto y para el otro » (*Archives nationales*, K. 1493, B. 11).

(2) « Nos archives nationales contiennent, au sujet du concile, deux lettres des plus importantes de Philippe II à ses deux ambassadeurs; l'un, Garcilaso de la Vega (l'ambassadeur extraordinaire), l'autre Chantonay, l'ambassadeur ordinaire.

» La première de ces lettres est datée de Tolède, le 11 mai 1560; la seconde de la même ville, le 23 juin suivant. Le roi d'Espagne y tient le même langage que pour l'intérim et repousse avec la dernière véhémence toute idée de concile national » (Paillard, *Addition critique à l'histoire de la conjuration d'Amboise. Revue historique*, 1880, p. 345).

Granvelle, corrompit le roi de Navarre et lui fit entrevoir la possibilité de devenir roi d'Angleterre. Il le détacha de la cause des huguenots et terrorisa le gouvernement de Catherine de Médicis et de l'Hôpital, qui voulaient entrer dans la voie de la tolérance.

Sous son inspiration, les Guises provoquèrent le colloque de Poissy (juillet 1561), habilement préparé et conduit de façon à brouiller les calvinistes français avec les luthériens allemands, leurs seuls alliés possibles, et Philippe II déclara que, pour la foi, il donnerait secours à quiconque le demanderait (1).

A l'édit du 17 janvier 1562, œuvre de l'Hôpital, qui assurait la tolérance aux huguenots, l'ambassadeur d'Espagne, sur les sollicitations des Guises, répond en demandant que Coligny

(1) La reine envoie un ambassadeur à Philippe II, qui lui fait répondre par le duc d'Albe :

« Qu'il souhaitoit qu'on punît sans aucun respect humain tous les sectaires de France... que Sa Majesté Catholique prioit et conjuroit la reine, sa belle-mère, de regarder en pitié sa propre personne, son Royaume et ses enfants, confiés à ses soins, et d'apporter le remède le plus prompt et le plus efficace à des maux qui ne faisoient que croître et augmenter : que si elle manquoit à un si juste devoir, Sa Majesté Catholique ne pourroit être indifférent sur le danger de la France, qu'il se croyoit obligé de prévenir : qu'après avoir fait par lui-même et avec conseil de longues et sérieuses réflexions sur cette affaire, il avoit résolu de sacrifier tous ses biens, et sa vie même s'il le faloit, pour arrêter le cours d'une peste, qu'il regardoit comme un mal commun entre la France et l'Espagne ; que les grands comme les petits, et en général tous les catholiques françois, lui en portoient continuellement leurs plaintes et imploroient son appui : qu'il ne pouvoit leur manquer dans un si grand besoin sans se manquer à lui-même : qu'il n'appréhendoit point les vains reproches qu'on pourroit lui faire de porter la guerre dans un Royaume, qui n'étoit point à lui, avec des forces étrangères ; parce que les forces de l'Espagne ne pouvoient être considérées comme étrangères ; dans une conjoncture où il s'agissoit de conserver la religion ancienne et d'assurer le Royaume au Roi ou à la Reine sa mère... » De Thou. *Histoire universelle*, t. III, p. 78-79.

quitte Paris, prétendant imposer la volonté d'un prince étranger au gouvernement de la régente (1).

Il fallait à tout prix empêcher le triomphe des protestants, que la reine mère semblait protéger. C'est encore à l'étranger que les Guises ont recours, et cette fois c'est en Allemagne qu'ils vont chercher leur appui, afin de priver complètement d'alliés la cause huguenote. Le duc, le cardinal de Lorraine, le cardinal de Guise et le duc d'Aumale se rendent à Saverne. On connaît l'hypocrite entrevue de Saverne et l'infâme comédie par laquelle ils essayèrent de s'emparer de l'esprit du faible Christophe de Wurtemberg. Pour ces hommes qui ne reculaient pas devant la trahison, l'apostasie n'était qu'un jeu. Ils s'efforcèrent de lui prouver qu'ils partageaient bien plus sa foi que les réformés eux-mêmes.

Le massacre de Vassy vint ouvrir les yeux au loyal Christophe, qui s'écria dans une lettre célèbre : « *Deus sit ultor doli et perjurii.* » Mais la ruse et le parjure avaient déjà un puissant appui qui leur permettait de commencer la guerre civile.

Philippe II s'était décidé à écraser du même coup les protestants des Pays-Bas et ceux de France, et, après l'attentat de Vassy, Chantonay, le frère de Granvelle, l'ambassadeur de Philippe II, jetant tous les masques et tout respect de convenances, laissa seul à Monceaux le jeune roi Charles IX pour suivre dans Paris le vrai roi de la guerre civile désormais ouverte. Le lendemain, Guise et les siens prenaient l'écharpe rouge espagnole pour consacrer leur servitude et afficher leur alliance avec l'étranger.

Voilà quelle était, à la veille des guerres civiles, l'attitude et la politique de ceux qu'on nous présente comme les chefs du parti national. Depuis trois ans, quand la paix religieuse semblait assurée, ils ont tout fait pour empêcher les édits de

(1) Le fait que le roi de Navarre était contre l'amiral et sa maison était une des causes pour lesquelles l'amiral et d'Andelot furent expulsés de la cour. Une autre cause vient du roi d'Espagne (*Lettre de Trokmorton à la reine*, 6 mars 1562).

tolérance qui auraient rendu le calme au pays ; contre le pouvoir royal et malgré ses volontés clairement exprimées, ils sont allés chercher au dehors un appui funeste et mis leur pays sous l'entière dépendance de l'étranger (1).

Pour obtenir une alliance et arriver à cet asservissement, nous voyons les Guises faire bon marché des intérêts de la France et conclure ce pacte honteux sans nécessité nationale, au seul profit de leurs ambitions personnelles, à des conditions désavantageuses et déshonorantes pour leur pays. Etrange patriotisme que celui qui livre à l'Espagne et à ses inquisiteurs, non seulement le sol et la dignité de la France, mais encore la conscience et l'âme de ses enfants (2)!

Quelle fut, en face de cette situation désespérée, la conduite des huguenots dirigés par Coligny? Menacés de tous les côtés par cette politique des Guises qui les privait d'alliés et qui leur enlevait le roi, réduits à l'extrémité de prendre les armes pour la défense de la foi si ouvertement menacée, que firent-ils?

Nous avons déjà montré, dans le chapitre précédent, comment Coligny n'eut aucune part à la conjuration d'Amboise. Au moment même où ses ennemis l'accusaient déjà de connivence avec l'étranger et se servaient de ce prétexte pour intriguer avec l'Espagne, Coligny ne s'occupe qu'à combiner, en sa qualité d'amiral, ses moyens d'action pour sauvegarder en Ecosse, à l'encontre de l'Angleterre, les intérêts de la France compromis par la politique des Guises (3).

(1) « Votre ambassadeur doit faire entendre à la reine mère qu'à l'âge où arrive le roi Charles, Votre Majesté peut lui faire connaître l'état réel de ses affaires » (Le duc d'Albe à Philippe II, *Granvelle*, VII, 280).

(2) « On pourra mieux châtier ces gens-là quand ils seront dispersés et désarmés » (Conseil du nonce au pape).

« Dissimuler, puis leur couper la tête » (Paroles du duc d'Albe à Philippe II, *Granvelle*, VII, 233).

(3) *Lettre de Coligny au connétable*, 1er mars 1560.

« ... Hier, nostre ambassadeur en Espaigne manda par une dépesche

Ceux-ci, pendant ce temps, poussés par le roi d'Espagne, demandaient l'introduction de l'Inquisition en France. Grâce aux généreux efforts de l'Hôpital, l'édit de Romorantin se borna à attribuer aux tribunaux des évêques la connaissance du crime d'hérésie. En face de cette situation menaçante, une partie de la noblesse protestante adressa les plus pressantes sollicitations au roi de Navarre et à Condé pour les prier d'aviser à leur défense. Mais un émissaire de Condé, La Sagne, fut arrêté, et on ne put découvrir dans cette première tentative de résistance que la main de Condé, du roi de Navarre et du vidame de Chartres. Aucune accusation de connivence avec l'étranger ne fut cependant produite contre eux. Pendant ce temps, Coligny, retiré à Orléans, et qui n'avait eu aucune part à ce mouvement, était surveillé par les émissaires des Guises, qui cherchèrent à le faire assassiner (1), après avoir réussi à faire condamner à mort le prince Louis de Bourbon, sans preuves matérielles toutefois de sa culpabilité, et pour le seul chef de lèse-majesté divine, c'est-à-dire pour son adhésion à la religion réformée. Aucun historien ne rapporte qu'il y ait eu pendant cette période les moindres rapports des réformés avec l'étranger, et, au lendemain de la mort de Fran-

que le roy d'Espaigne estant bien informé des maulvais offices que la royne d'Angleterre faisoit pour nous à l'endroict des Ecossais, il offroit au roy ses galères, navires, gens, vivres et toutes choses qui pourroient favoriser pour avoir la raison des dits Ecossais, adjoustant à cela qu'il avoit faict une si bonne dépesche à ladite royne d'Angleterre qui luy mettoit un bon mors à la bouche pour la divertir de ses dessaincts. Ayant sur ce propos dict plus amplement les particularités à ce porteur, je ne m'estendré a vous en dire davantage sinon que je n'ai pas opinion que si la dite royne veoit une bonne occasion se présenter de pouvoir joindre les deulx royaumes à sa dévotion, qu'elle ne passe outre. Voilà pourquoi nous ne debvons pas endormir cependant, ce que l'on dict bien qu'on ne sera pas icy. Et pour ceste occasion faict-on les préparatifs pour équiper vint et quattre navires et vivres pour dix mille bouches... »

(1) V. Delaborde, *op. cit.*, II, p. 486.

çois II, Coligny se présentant avec les autres membres du conseil devant Charles IX et la reine mère, le nouveau roi les remercia « des grands services faits au feu roy son frère..., au bien de son royaulme et de son service... »

Nous avons retracé plus haut les divers événements qui précédèrent et suivirent le colloque de Poissy, le rôle joué par les Guises et l'exil de Coligny qui suivit l'édit de tolérance du 17 janvier 1562. Pendant ce temps, l'amiral, retiré à Châtillon-sur Loing, poursuivait ses projets d'extension coloniale et faisait partir du Havre l'expédition de Jean Ribaut. C'est dans sa retraite qu'il apprend le massacre de Vassy et qu'il se décide, sur les instances de sa femme, à se rendre auprès de Condé (1).

C'est alors seulement que M. Kervyn de Lettenhove place les premiers projets d'alliance entre les huguenots et l'étranger (2). Rappelons qu'à ce moment même le pacte conclu entre les Guises et l'Espagne n'était un mystère pour personne et que Philippe II faisait passer ostensiblement des troupes en France.

Il importe de préciser quelle fut la nature de ces premières négociations. Une importante lettre de la reine d'Angleterre à Trokmorton, du 31 mars, nous l'apprend (3). Elle offrait son appui à Catherine de Médicis, à l'amiral et à Condé contre ceux « qui troublent la tranquillité du royaume, et, par ambition, ne cherchent que leur propre gloire et richesse (4). »

Il est à remarquer que cette lettre est une simple sollicita-

(1) Voir chap. I, p. 33.

(2) « Les huguenots ne comptaient point toutefois sur eux-mêmes et leur premier soin avait été de s'adresser à la fois aux princes protestants d'Allemagne, unis par les conventions secrètes de Naunbourg, et à la reine d'Angleterre dont l'appui leur était assuré, comme ils avaient pu s'en convaincre grâce à leurs relations avec son fidèle agent Trokmorton » (Kervyn de Lettenhove, *op. cit.*, t. I, p. 74).

(3) V. *Histoire des Condés*, par le duc d'Aumale, t. I, p. 351.

(4) V. Delaborde, *op. cit.*, II, p. 36.

tion de la reine, qu'elle est adressée à Catherine de Médicis, c'est-à-dire au gouvernement légal et régulier de la France, et qu'elle n'implique aucunement une demande de secours de la part de Coligny, dont il est souvent question dans cette lettre sans qu'aucune allusion soit faite à une semblable demande de sa part.

C'est au moment où ces offres parvenaient aux chefs huguenots que l'association d'Orléans fut signée et que divers agents furent envoyés en Angleterre, en Suisse et en Savoie pour faire connaître aux puissances étrangères le but et le motif de la prise d'armes.

En face des menées des Guises et de la présence des Espagnols, la plupart des chefs demandaient à ce qu'on fît appel comme eux à des troupes étrangères, mais « l'amiral les ra- » mena par l'ascendant de son patriotisme à une appréciation » désintéressée de leurs devoirs envers la France, et à cette » solution, que, dans l'état actuel des choses, les agents se bor- » neraient à provoquer, en faveur de la Réforme française, illé- » galement attaquée, et de la royauté asservie, l'intérêt et la » médiation officieuse des souverains auxquels ils s'adres- » saient (1). »

« Le prince de Condé, » raconte Théodore de Bèze..., « com- » bien que dès le 10 avril il eût écrit aux très illustres princes » comte palatin et duc de Saxe, ducs des Deux-Ponts et de » Wittemberg, au landgrave de Hesse, marquis Charles de » Baden, et depuis encore à la sacrée majesté de l'empereur » Ferdinand, les advertissant à la vérité du pauvre estat de » France et des causes de ces troubles pour les supplier d'y » remédier de leur part, assembla toutefois son conseil pour » adviser de plus près à cette affaire. Plusieurs et quasi tous » concluoient qu'il falloit demander un prompt et suffisant se- » cours aux princes d'Allemagne : l'amiral leur rompit cette » délibération en disant qu'il aimeroit mieux mourir que con-

(1) V. Delaborde, *op. cit.*, t. II, p. 75.

» sentir que ceux de la religion fussent les premiers à faire » venir les forces estrangères en France (1). »

Deux gentilshommes furent envoyés en Allemagne, Séchelles en Angleterre et Téligny en Savoie, avec la seule mission de faire appel aux « bons offices » des princes, auprès desquels on les accréditait pour une simple médiation (2).

A ce moment, au nom du jeune roi, une longue lettre était adressée par les Guises à Philippe II, pour le supplier d'envoyer des secours : « Assemblant comme je faicts journellement, de grandes forces, tant de mes subjects que d'autres estrangiers, pour dompter et reduyre par force les réformés français en l'obeissance dont ils se sont départis, ce me seroit un grand avantage, une grande faveur et un grand soullaige-

(1) Th. de Bèze, *Histoire ecclésiastique*, t. II, p. 35, 36.

(2) Extrait des instructions remises aux agents envoyés en Allemagne : « ... Si lesdits seigneurs, princes de la Germanie trouvoient bon d'envoyer ambassadeurs notables à la cour, pour pacifier les grands troubles qui sont en ce royaume, mesdits seigneurs princes de Condé et de Portien, messieurs l'admiral, d'Andelot, Soubize et autres, en seront très aises, et supplient Leurs Excellences de ce faire, comme ceux qui ne désirent rien tant, après l'honneur de Dieu et le repos du roy et de la royne, que le repos public d'iceluy » (*Mémoires de Condé*. III, p. 371).

Extrait d'une lettre de Coligny au premier ministre d'Elisabeth en lui adressant Séchelles : « Il m'a semblé au devoir faillir en ceste occasion d'escrire pour vous prier de faire tous les bons offices qu'il vous sera possible vers Sa Majesté pour favoriser la cause de Dieu que nous soustenons... » (De Laferrière, *Le seizième siècle et les Valois*, p. 66.)

Extrait des *Instructions de Téligny* :

« Fera entendre que le nombre des seigneurs, gentilzhommes et soldatz qui sont en la compagnie dudit sieur prince, desplaisans de telles violences et outrages faits à leurs majestéz, est, grâces à Dieu, si grand qu'ils n'ont besoing d'employer pour cest effet l'ayde d'aulcun prince étranger... mais veult bien prier ledit sieur duc... de faire tous les bons offices qui luy sera possible pour garantir les faibles ans de Sa Majesté de toute injure et de la violence de ses propres subjetez » (Instruction du 11 avril 1562, Bibl. nat., mss. fr., vol. X, p. 190). Voir Delaborde, t. II, p. 85, *op. cit.*

ment, en la nécessité où je suys, si le roy, mon bon frère, me vouloit secourir d'un nombre d'hommes que je puisse me fier.... » Suit une énumération des troupes demandées et un plan d'invasion.

Coligny, qui eut connaissance de ces projets, luttait toujours et reculait autant que possible le jour fatal où il faudrait écouter les conseils de quelques-uns des chefs de ses collègues, pour sauver la foi menacée. Il se borne encore à prier celles des puissances sur lesquelles il croit pouvoir compter de ne pas laisser sortir de leurs États les troupes recrutées par le triumvirat (1).

Telle était, au mois de juin 1562, l'attitude des chefs du parti protestant, guidés et dirigés par Coligny. Nous voici maintenant arrivés au moment où, sous la pression de la nécessité, le parti va accepter l'alliance étrangère, où Coligny se verra forcé de renoncer à son patriotique et beau rêve de faire par la France seule les affaires de la France. Nous verrons dans quelle mesure et jusqu'à quel degré il s'est associé à la conduite de ses coreligionnaires; mais, arrivés à ce point de notre examen, nous désirons constater le singulier contraste que présente, à ce même instant de leur histoire, la politique et la conduite des deux partis rivaux. L'un subit depuis déjà trois ans et porte effrontément devant l'Europe la honte d'une alliance étrangère; l'autre, en face de ces forces coalisées, des tentatives de ses adversaires pour lui arracher successivement tous ses appuis, des massacres horribles, résiste de toutes ses forces, lutte jusqu'au dernier espoir, refuse jusqu'au dernier moment d'appeler l'étranger.

« L'un, en pleine paix religieuse, accorde à l'étranger, d'un

(1) « ... Toute cette grande noblesse qui arrive icy à nous, a tres grande espérance que vous ne délaisserez pas nos pauvres Eglises affligées et ne permettrez pas qu'on tire de vos pays gens loués à prix d'argent pour estre bourreaux des chrestiens » (*Lettre au landgrave de Hesse*, 19 mai). V. Delaborde, *op. cit.*, t. II, p. 109, 110.

seul trait de plume, plus de territoire qu'il n'en aurait conquis en cent ans ; l'autre, épuisé, pour sauver sa vie, son existence, sa foi, son honneur, livre momentanément deux villes comme gage de l'exécution du traité conclu par ses rivaux mêmes. En vérité, lequel de ces deux partis, lequel des deux hommes qui les dirigent est le plus vraiment le chef du parti national (1)? »

C'est en juillet 1562 que ce revirement complet s'opéra dans l'attitude des protestants. Coligny, en présence des exigences de la situation, surmonta ses répugnances et se résigna à confier à Briquemault la mission de se rendre auprès de la reine Elisabeth. Les chefs qui composaient le conseil à Orléans déclarent : qu'ils ne se faisaient plus aucun scrupule d'appeler les étrangers, « puisque le triumvirat avoit commencé le pre-
» mier de ce faire, et d'autant que c'estoit une chose notoire
» que les Allemands, Suisses et Espaignols entroyent ja en
» France pour le secours des catholiques (2). »

D'autres raisons encore les sollicitaient et, outre l'exemple que leur donnaient leurs adversaires, forcèrent leurs résolutions.

Les catholiques, appuyés par l'étranger, se sentant supérieurs par le nombre et forts de l'appui du gouvernement des Guises, se livraient à tous les excès. Il y eut un massacre à Toulouse, un massacre à Paris.

Les Espagnols entrés en France étonnent par leur barbarie nos plus féroces soldats, et le dur Montluc, l'homme de sang, dont le témoignage n'est pas suspect, nous raconte qu'ils éventrèrent, un jour, deux cents femmes, même les grosses, pour tuer *les petits luthériens*. Les protestants voyaient approcher le moment où leur petit nombre allait être écrasé par ces hordes d'envahisseurs. La situation était désespérée ; il fallait prendre une résolution suprême en face de maisons ruinées,

(1) Voir Doumergue, *Discours de rentrée 1880*.

(2) Voir De Bèze, *Histoire ecclésiastique*. t. II, 102, et Lanoue, *Discours politiques et militaires*, p. 688.

de familles égorgées, de la menace d'une prochaine extermination.

Depuis longtemps déjà, Elisabeth, qui comprenait que la situation du parti protestant allait devenir intenable, multipliait ses offres et s'efforçait de séduire les chefs huguenots. Ses premières relations avec Coligny lui avaient montré combien il serait difficile de faire accepter ses propositions d'alliance à l'honnête amiral ; mais elle attendait les événements qui devaient l'y réduire, et son fidèle agent, Trokmorton, ne cessait de multiplier ses promesses de secours. Il fallait amener les protestants à implorer cet appui pour obtenir, en échange, certains avantages territoriaux que l'Angleterre convoitait en ce moment.

Dès le 17 avril, Trokmorton écrivait dans ce sens : « Il peut » arriver que Sa Majesté puisse faire son profit de ces troubles, » comme le roi d'Espagne fait et se propose de faire. Je sais » que le roi d'Espagne tient l'œil ouvert et manœuvre pour » mettre le pied dans Calais. Il faut, de notre côté, pratiquer » et flatter les protestants de ce pays. Il faudrait que les pro» testants, soit pour leur propre sûreté et défense, soit par » dépit et désir de vengeance, pussent être poussés et amenés » à mettre Sa Majesté en possession de Calais, Dieppe ou le » Havre... Mais cette question ne doit être encore touchée ni » directement ni indirectement, avec aucun d'eux ou de leurs » ministres, quel que soit celui qui viendra traiter avec vous, » parce que l'occasion s'en présentera plus naturellement et » convenablement d'elle-même lorsqu'ils nous demanderont » assistance soit d'argent, soit d'appui, et plus à propos quand » le prince de Condé et les protestants s'apercevront que les » papistes pensent à introduire les étrangers dans ce royaume » et à donner un intérêt au roi d'Espagne dans toutes ces af» faires (1). »

(1) « State paper office. » duc d'Aumale. *Histoire des princes de Condé*, I, p. 354 et 355.

Toute la politique de Trokmorton et de sa reine fut donc de solliciter habilement les protestants et d'attendre les événements qui les mettraient à leur merci. Quel témoignage que cette lettre, et comme elle dément toutes les prétendues relations que M. Kervyn de Lettenhove établit, dès le début de 1562, avec ce même Trokmorton ! Ce fut bien par la force seule des choses, et au dernier moment, qu'ils se sont résolus à cette suprême humiliation, et l'étranger, qui guettait depuis longtemps cette heure fatale, savait bien qu'il ne pouvait rien attendre que d'une épouvantable nécessité.

Enfin, « poussés et amenés » par leur situation désespérée, les protestants entrèrent en relations avec l'Angleterre et l'Allemagne. Coligny envoie Briquemault à Londres pour demander un secours d'hommes et d'argent, et d'Andelot en Allemagne pour y faire une levée de troupes. Briquemault négocia avec les ministres d'Elisabeth le fameux traité de Hampton-Court, si vivement reproché à Coligny, et que ses ennemis invoquent uniquement et constamment comme la seule preuve de son alliance avec l'étranger. Elisabeth, nous l'avons vu, n'avait cessé de provoquer l'appel des chefs huguenots, et, pendant longtemps (la phrase de Trokmorton le prouve bien), n'avait affiché extérieurement qu'un bon vouloir désintéressé en faveur des réformés français. Elle saisit ce moment pour déclarer qu'elle ne leur accorderait son secours qu'à titre onéreux. Ses exigences furent absolues, et rien ne put en triompher. Briquemault, auquel on avait donné un blanc-seing, négocia aux conditions suivantes : « La reine d'Angleterre » fera transporter en France six mille hommes, dont trois mille » seront mis au Havre pour le garder au nom du roy de France, » et pour se faire un asyle assuré, où les fidèles sujets du roy » très chrétien, bannis et chassés de leur pays pour cause de » religion, pourroient se retirer ; les trois autres mille seront » employés à la défense de Rouen et de Dieppe, sous les or» dres de gouverneurs, de magistrats et autres ministres du » roi, sans aucunement attenter ou déroger à leur puissance

» et leur autorité, et cela tant que lesdites troupes anglaises » seroient en France ; la reine d'Angleterre prêtera, en outre, » au prince de Condé, 140,000 écus d'or pour les frais de la » guerre. De son côté, le prince de Condé cédera à la reine le » Havre, afin que les Anglais puissent librement y débarquer » et s'y retirer. Ces troupes seront reçues comme amies à » Rouen et à Dieppe. » On ajouta à ces conditions la clause ordinaire : « Sans que ce présent traité puisse préjudicier au » droit de la reine d'Angleterre sur Calais (1). »

En somme, le Havre n'était qu'un gage laissé entre les mains de la reine comme garantie de l'exécution du traité de Cateau-Cambrésis, et Hampton-Court ne fait que confirmer une promesse faite par ceux-là même qui ont fait de la cession de Calais leur reproche le plus sanglant à l'amiral.

Mais quels furent au juste son rôle et sa part dans la négociation et la conclusion de ce traité? Une dépêche de Myddlemore à lord Cecil nous l'apprend : « Quant à avoir promis à » Sa Majesté par lettre ou autrement qu'elle pourrait retenir le » Havre jusqu'à ce qu'on lui eût rendu Calais, je ne crois pas » l'avoir fait, et si Sa Majesté a quelque lettre pareille de moi » à montrer, je serais bien aise de la voir. Quant au contrat » dont vous parlez, je proteste que je ne l'ai jamais vu jusqu'à » mon voyage de Normandie, où M. Trokmorton me le mon» tra; mais je l'avais déjà ratifié, et si j'avais pensé qu'il y eût » autre chose dedans que la seule assurance donnée à la reine » du remboursement de l'argent qu'elle nous avait prêté ou » nous prêterait, et que l'aide et le secours qu'elle nous avait » donné et donnerait dans cette cause ne tourneraient pas au » détriment de son droit et intérêt sur Calais, que Dieu ne » me bénisse jamais (2). »

(1) Voir le texte de ce traité dans Forbes, *A full view of the public transactions in the reign of Queen Elisabeth*, t. II, p. 48 à 51.

(2) Myddlemore à lord Cecil, de Saint-Germain, *Histoire des princes de Condé*, *op. cit.*, I, p. 473-476.

Ainsi, l'amiral n'entendait s'engager à autre chose qu'à l'exécution pure et simple du traité de Cateau-Cambrésis. Le texte du traité ne lui a jamais été soumis ; il a été simplement conclu en son nom par leur envoyé, muni de pleins pouvoirs, et l'amiral ignorait qu'il pût y entrer autre chose que des promesses de secours et l'assurance des droits de la reine sur Calais, précédemment reconnus par le roi de France en 1559.

On n'a jamais vu, du reste, le texte original complet de ce traité et la signature de Coligny. Il fut conclu en son nom, comme en celui des princes de Condé, par suite de pleins pouvoirs donnés à Briquemault; mais le texte original, mutilé par les flammes, qui est conservé à Londres, ne porte que deux signatures : celles du vidame de Chartres et de Robert de La Haye (1).

L'attitude ultérieure de Coligny ne laisse aucun doute sur ses dispositions personnelles au sujet du sens qu'il attribuait au traité d'Hampton-Court, et, ce qu'il avait subi pendant quelques jours, contraint par les circonstances, il le désavoua hautement et révéla ses véritables intentions, dès que la paix eut été signée par Condé.

Il n'a pas oublié ses engagements avec la reine d'Angleterre et se tient prêt à tenir les promesses faites au nom des réformés de France. Mais quelle est, pour lui, la nature précise de ces promesses? Telles qu'il les avait consenties, il n'éprouve aucun embarras à faire honneur à sa parole, sûr de ne compromettre en rien les intérêts de son pays. Avec une inflexible logique, il démontre la nécessité de s'en tenir des deux parts à l'exécution pure et simple du traité de Cateau-Cambrésis, c'est-à-dire de rendre Calais à l'Angleterre au bout des huit années convenues.

La reine d'Angleterre ne voulut pas accepter ces conditions et la guerre éclata. Les protestants et les catholiques se retrouvèrent sous les murs du Havre, unis par le même sentiment patriotique.

(1) Kervyn de Lettenhove, *op. cit.*, I, p. 200.

Après cet exposé des faits, les accusations brutales disparaissent. Voilà, démontré par les événements eux-mêmes, quel fut le rôle de Coligny. Voilà celui qu'on accuse d'avoir constamment et de parti pris fait alliance avec l'étranger.

Nous ne pouvons nous empêcher de mettre encore en face des allégations passionnées de nos adversaires, le rôle que jouaient à côté de ce Coligny qu'ils flétrissent du nom de traître, et la conduite de ceux qu'ils acclament comme les représentants du parti national.

D'un côté, nous sommes en face d'une alliance volontaire et humiliante, conclue par les Guises dans un but d'ambition politique, après un désastreux traité qui enlève à la France des provinces entières. Cette alliance dure de longues années ; elle devient de jour en jour plus intime; l'ambassadeur de Philippe II parle en maître dans les conseils. Le roi d'Espagne envoie des soldats, inspire toutes les résolutions, dirige la politique intérieure et extérieure de la France.

De l'autre côté, nous voyons que l'alliance forcée conclue avec les Anglais dans un moment désespéré, dans les circonstances désastreuses que nous avons exposées, après une longue résistance des huguenots, dure à peine quelques semaines. Coligny, leur chef, ne consent qu'à grand'peine et la mort dans l'âme à garantir l'exécution d'un traité dont il n'était pas l'auteur et dont l'infamie et le déshonneur pèsent au contraire sur la mémoire de ceux qui l'accusent de trahison. Dès que reviennent les jours meilleurs de l'apaisement des guerres civiles, il est auprès de son roi son fidèle appui contre les injustes revendications de l'Angleterre, à laquelle il n'a jamais voulu livrer une seule parcelle de son pays, en dehors de ce que lui concédaient les traités; il lutte avec lui et lui recommande de « tenir bas » l'orgueilleuse Elisabeth.

En présence d'une pareille situation, de quel côté se trouve le parti national? De Guise ou de Coligny, quel est le plus vraiment patriote?

Dans le chapitre qui suit, nous allons préciser la conduite

de ces deux hommes, l'esprit qui dirigea leur politique. Mais d'ores et déjà, entre Guise et Coligny, la cause est suffisamment instruite et le débat nous paraît jugé.

CHAPITRE IV.

POLITIQUE GÉNÉRALE DE COLIGNY.

Nous nous sommes borné jusqu'ici à accomplir une tâche négative et à venger Coligny des calomnies dont il a été l'objet. Il importe maintenant de tracer le caractère général de son œuvre, d'en saisir la pensée directrice et de porter un jugement d'ensemble sur le caractère et la portée de la tâche qu'il voulut accomplir. Au milieu de toutes les luttes de sa douloureuse vie, des agitations, des vicissitudes de sa carrière politique et militaire, que voulut au fond cet homme, quel fut le vrai but de sa vie? M. d'Assy termine un article sur le *caractère de Coligny* par cette conclusion dont nous avons déjà parlé dans les chapitres précédents : « Coligny a poursuivi avec » une ténacité inébranlable un double objectif : sa grandeur » personnelle et l'influence politique de son parti. » Parvenu presque à la fin de notre étude, après nous être rendu compte de l'influence et des projets de l'amiral, après avoir montré l'inanité des insultes que nous venons de rappeler, nous n'hésitons pas à notre tour à formuler cette conclusion : « Coligny n'a cessé de poursuivre et de préparer la grandeur de son pays. » Par-dessus la nuit et le deuil, il a vu clair; il a discerné la véritable voie, et vers ce but il a marché. Les défaites des siens, leurs folies, leur ruine, rien ne l'a ébranlé; et c'est une consolation de voir, comme le dit Michelet, parmi les défaillances et l'aveuglement de tous, marcher si droit et sans faiblesse ce noble cœur qui ne regarde que sa conscience.

La situation de la France au seizième siècle, nous l'avons

dit, était celle d'un état en formation. L'œuvre commencée depuis plus de quatre cents ans par nos rois, la reconstitution de l'Etat par l'abaissement des grands d'une part et par l'extension de la France jusqu'à ses frontières naturelles d'autre part, se poursuivait encore. Il est vrai que la première de ces deux tâches était presque accomplie, mais l'autre était encore incomplète. Après avoir assuré l'unité française par la défaite de la féodalité, il s'agissait maintenant d'assurer sa défense en arrêtant l'extension exagérée des puissances voisines qui pouvaient menacer sa sécurité et son indépendance. La vraie politique française traditionnelle et nationale, héritière de tout ce passé d'efforts et de luttes, commandait de poursuivre l'œuvre commencée. Le travail de nivellement et d'union à l'intérieur a déjà été poussé fort loin par saint Louis et Louis XI. La France du seizième siècle devait s'efforcer de se dégager des entraves extérieures qui faisaient obstacle à sa puissance, et, après avoir constitué son unité territoriale, s'affirmer comme nation et comme grande puissance en Europe. Les forces du pays doivent être désormais consacrées à s'opposer aux progrès ou aux empiétements des puissances voisines et à établir la prépondérance française.

Un immense empire s'était formé tout à coup au centre de l'Europe, quand Charles d'Autriche, roi d'Espagne, fut élu empereur d'Allemagne. Maître de l'Espagne et de Naples, des Pays-Bas et de l'Autriche, Charles-Quint tenait l'Europe par les quatre coins. A son titre d'empereur d'Allemagne se rattachaient des droits de suzeraineté sur l'Italie; il était allié au pape et à Henri VIII. Ses colonies occupaient la moitié du monde. La France était comme enserrée de toutes part par ce puissant voisin : au sud par les Pyrénées et l'Italie, au nord par la Flandre et la Franche-Comté, et l'orgueilleuse devise du nouveau Charlemagne : « Toujours plus loin » indiquait assez qu'il aurait pour but l'abaissement de toutes les puissances rivales de la sienne et surtout de la seule grande puissance qui se dressât en Europe devant son empire.

François Ier comprit le danger. Fidèle continuateur de la politique nationale, il entreprit courageusement une lutte qui semblait inégale, et son fils poursuivait comme lui cette œuvre glorieuse quand l'arrivée au pouvoir de la fatale maison des Guises vint inaugurer une politique nouvelle et désastreuse qui devait, pendant près d'un siècle, diviser le pays à l'intérieur, l'isoler et l'abaisser au dehors. Le patient travail de reconstitution nationale, si péniblement accompli jusque-là, s'arrêta tout à coup, et la France, déjà presque unifiée, fut menacée d'un retour aux divisions et aux faiblesses du passé.

Au belliqueux Charles-Quint avait succédé le sombre Philippe II. Mais, pour n'être pas si bruyantes, ses ambitions n'étaient pas moins grandes. Ce ne fut pas par la force, mais par la ruse qu'il s'efforça d'imposer son influence à cette France que son père avait tant convoitée. Il trouva des alliés faciles avec ces princes lorrains, qui n'avaient nul souci des intérêts d'un pays qui n'était pas le leur et ne cherchaient qu'à réaliser leurs vastes ambitions. Ce fut au nom de la foi menacée par les hérétiques que fut conclue cette monstrueuse alliance; mais, sous ce but avoué, Philippe en poursuivait un autre plus vaste encore et plus fatal pour la France : c'était de la diviser avec elle-même pour la dominer. La persécution qu'il faisait entreprendre susciterait la guerre civile; on lui demanderait du secours, et, en proie aux luttes intérieures, affaiblie, elle serait entièrement à sa merci. Ainsi se trouverait arrêtée et peut-être irrémédiablement compromise la grande œuvre de concentration qui élevait un puissant Etat en face de la domination hispano-autrichienne. Voilà le plan désastreux dont les Guises se firent les associés et les complices en acceptant la tutelle espagnole; voilà les projets à la réalisation desquels ils travaillaient aveuglément depuis le funeste traité de Cateau-Cambrésis. Les résultats de cette alliance furent tels que les avait prévus leur auteur; la guerre civile, la ruine du pays la suivirent, et dès lors commença l'ère de troubles et de deuils du seizième siècle, ces fatales guerres de religion où menaça de sombrer un instant la fortune de la France. Eloignée de ses alliés naturels, l'Angleterre et les Etats protestants, la France se débattit longtemps au mains de son redoutable ennemi qui l'avait insensiblement amenée à un abaissemement et à une humiliation sans exemple.

L'âme patriotique de Coligny comprit le danger que faisait courir à notre pays la monarchie des successeurs de Charles-Quint ; il s'efforça sans relâche d'arracher la France à la politique antinationale des Guises, et ce sera sa gloire éternelle. On a dit qu'il poursuivait dans les Guises ses ennemis personnels (1) : non, il poursuivait en eux les ennemis de son pays, « et c'est avec respect que l'on voit s'élever au-dessus de toutes ces hontes, de la profondeur même de l'abîme des maux du temps, la figure triste et grave de ce grand homme, de ce vrai héros. Triste, il le fut en effet, et jusqu'à la mort (2). » Le funèbre portrait qui nous reste de lui nous dit quel deuil profond remplissait le cœur de ce juge attristé de tant de crimes, l'immense et secrète souffrance de sa vie. Pour ceux qui n'ont pas compris le mystère de cette âme brisée, ce portrait reste une énigme et un reproche; pour nous il est la révélation tragique de ses patriotiques douleurs. C'est l'incurable et perpétuel souci de l'honneur et de la gloire de la France, qui se lisent dans ses traits amaigris et abattus. Aussi, dès le premier jour, a-t-il commencé cette lutte gigantesque où il voyait le salut de son pays, et, sans faiblesse, quoiqu'il souffrît en secret de résister à son roi, il alla droit à ce qu'il savait être le devoir. Il vit la France perdue, livrée, l'œuvre glorieuse

(1) « Mais ce ne furent pas seulement le zèle religieux et l'ambition qui jetèrent l'amiral de Coligny dans la lutte; il obéissait aussi à un autre sentiment, moins noble assurément, mais tout aussi vif : sa haine pour les Guise.... aussi quand, à l'avènement de François II, les Guise devinrent tout puissants, leurs rivaux ne poursuivirent qu'un but : leur enlever le pouvoir par tous les moyens possibles » (D'Assy, *Rev. des quest. hist.*, 195, juillet 1885).

(2) Michelet.

des siècles compromise, la grandeur de son pays menacée. Il n'hésita plus et poursuivit d'une opposition implacable, non pas les hommes, mais la cause néfaste dont ils poursuivaient le triomphe.

Pour le salut de la patrie, il fallait reprendre l'œuvre de ses rois, l'œuvre de concentration au dedans et de grandeur au dehors. Il vit clairement, comme Louis XII, comme François Ier, comme plus tard Richelieu, qu'il fallait l'affranchir de ses puissants voisins. Ce fut le but de sa vie et de ses efforts : détourner de la domination hispano-autrichienne son pays et son roi, pour assurer la paix antérieure et revenir aux alliances naturelles qui devaient l'aider à combattre l'éternel ennemi de sa sécurité.

Toute sa politique peut se résumer en ces quelques mots : « maintenir et pratiquer loyalement les édits de pacification, pour établir la tranquillité dans le royaume; ouvrir à l'audace de nos marins la route des Indes et de l'Amérique que l'Espagne prétendait leur fermer, et faire marcher contre l'étranger catholiques et protestants sous le même drapeau. »

Il s'efforça d'abord de ruiner l'Espagne en fondant au profit de la France un empire colonial rival du sien, qui nous ouvrirait de nombreux débouchés, et assurerait notre puissance, à côté de la sienne, sur les rives les plus lointaines.

Dès le 12 juillet 1555, deux navires garnis d'artillerie et de vivres furent confiés à Nicolas Durand de Villegagnon, vice-amiral de Bretagne, dans le but d'aller fonder au Brésil, dans la baie de Rio-de-Janeiro, une colonie française où pourront se réfugier les protestants persécutés. On s'établit dans une île à laquelle fut donné le nom de *Coligny*; mais en 1557, la colonie dut être abandonnée, à cause des divisions survenues entre le gouverneur et les émigrants (1). Pendant ce temps,

(1) Voir Jean de Léry, *Histoire d'un voyage fait en la terre du Brésil*, année 1600, pp. 63, 64-70, 72-95, 424-475. Cette relation, fort curieuse,

Coligny, prisonnier à l'Ecluse, apprenait ces fâcheuses nouvelles sans pouvoir rien faire pour une entreprise qu'il avait préparée avec tant de sollicitude.

C'est surtout à partir de 1562, que les expéditions coloniales de Coligny eurent le caractère essentiellement politique d'une guerre à la puissance espagnole. Aussitôt après l'édit de tolérance du 17 janvier, en réponse aux menaces de Philippe II, il prépare l'expédition de Jean Ribaut, qui est dirigée sur les Indes espagnoles, en Floride, dans cette terre explorée jadis pour le compte de François Ier par Verazzani. Les équipages, composés de gentilshommes et de vieux soldats, vont affirmer le droit de la France au partage du nouveau monde espagnol (1),

nous donne les détails les plus intéressants sur toute cette malheureuse expédition.

(1) « L'admiral de Chastillon, seigneur plus désireux du bien public que de son propre, ayant cogneu la volonté du roy son prince qui estoit de faire recognoistre les terres neuves, fit en toute diligence équipper des vaisseaux propres pour ce faict et lever gens dignes de telle entreprise, entre lesquels il esleut le capitaine Jean Ribaut, homme véritablement expérimenté au faict de la marine, lequel ayant reçeu son commandement, se mit en mer, l'an 1562, le dix-huitième jour de février, accompagné seulement de deux roberges du roy, mais si bien fournies de gentilshommes, du nombre desquels j'estois, et de vieux soldats, qu'il avoit moyen de faire quelque chose memorable et remarquable à jamais. — Ayant doncques navigué deux moys sans aucunement tenir la route accoustumé des Hespaignols, il prist port en la *Nouvelle France*, terrissant après un cap, lequel il appela *Cap françois*, en l'honneur de nostre France. De ce lieu, côtoyant vers le septentrion, il découvrit une fort belle et grande rivière dans laquelle il fit planter, non fort loin de l'embouchure d'icelle, une colonne de pierre de taille, sur un petit costeau de terre sablonneuse, en laquelle les armoiries de France estoient emprcintes et gravées. Ce fait, il s'embarqua derechef, afin de toujours poursuivre la recognoissance qu'il voulait faire de la côte septentrionale. Après avoir navigué quelque temps, il prist terre en l'autre costé de la rivière, et lors commanda, en la présence de quelques Indiens qui l'attendoient exprès, de faire les prières pour remercier le Seigneur de ce que sans péril ou danger aucun, il avoit conduit par sa grâce le peuple françois jusqu'en ces lieux estranges. » (*Histoire no-*

et pour le proclamer, ils emportent avec eux, pour la dresser au lieu de débarquement, une large pierre sculptée aux armes du roi de France. — Un moment, Coligny eut la généreuse espérance d'allier, pour cette entreprise, la France entière à ses desseins. Sur ce terrain commun des intérêts français, tous peuvent s'entendre. Si, par ce moyen, il pouvait rendre évident à tous que l'intervention de Philippe II doit être attribuée à des considérations politiques plus qu'au zèle religieux! Si l'Espagne proteste, ce qui paraît probable, pourquoi les catholiques et les huguenots n'oublieraient-ils pas les querelles religieuses qui les divisent pour n'écouter que la grande voix du patriotisme qui les appelle et les unit?

Cette union des forces nationales contre l'Espagne et ses colonies fut dès lors la pensée qu'il nourrira jusqu'à la fin de sa noble carrière, et qui persistera malgré les déboires et les mécomptes de toutes sortes qu'il trouva dans la poursuite de ses projets. A partir de cette expédition de Ribaut, toutes les entreprises coloniales de Coligny sont des diversions politiques tentées dans le but patriotique d'arracher la France à ses discordes civiles, et de réunir toutes les forces vives du pays contre le seul ennemi qu'il devait combattre : l'étranger. programme éminemment sage et patriotique, invariablement et opiniâtrément poursuivi. Lutter, dans le nouveau monde comme dans l'ancien, contre les envahissements de la néfaste puissance espagnole, saper par la base la puissance qu'elle s'arrogeait au détriment des droits et des intérêts de la nation française, voilà, résumée en quelques mots, toute la pensée de Coligny.

Après la paix d'Amboise, ces entreprises maritimes devinrent

table de la Floride, située ès Indes occidentales, contenant les trois voyages faits en icelle par certains capitaines et pilotes français, descrits par le capitaine *Laudonnière* qui y a commandé l'espace d'un ou trois moys, à laquelle a été adjousté un quatriesme voyage fait par le capitaine *Gourgues*, mise en lumière par M. *Basanier*, gentilhomme françois, mathématicien. Paris, 1853, in-12. Voir pages 15, 16 et 17).

le sujet principal de ses préoccupations (1). La guerre civile est à peine terminée qu'il songe à commencer l'œuvre de réparation nationale. Le meilleur moyen de réparer ces désastres n'est-il pas de continuer sa politique d'union et d'encourager ces expéditions qui vont étendre au loin le nom de la France et la gloire de son roi ?

Pendant toute l'année 1563, la guerre civile réduisit Coligny à l'impossibilité de s'occuper de la Floride, et, d'une façon générale, de la marine et des colonies. Jean Ribaut était revenu en France avec Laudonnière et le reste de ses gens, le 20 juillet 1562, après un complet insuccès. Il publia, en Angleterre, un opuscule qui retraçait son expédition de Floride, et à son insu, il inspira aussi à la reine et aux hommes d'Etat d'Angleterre l'idée de s'emparer de cette contrée. Coligny apprend que les Anglais se disposent à occuper la Floride. Il était urgent de prévenir leurs desseins. L'amiral entraîne Charles IX et le gagne à sa cause. « Il pressa tellement le roi d'envoyer une seconde flotte à la Floride, » nous dit de Thou, « qu'il l'obtint (2). » On ne pouvait laisser à d'autres, lui dit-il, ce fort lointain qui portait son nom, ces territoires immenses que la couronne de France avait si péniblement conquis par delà l'Atlantique, et dont les moindres rivières avaient reçu les noms des fleuves français !

Le roi fut séduit, et, sur la désignation de Coligny, le commandement fut donné à Laudonnière (3), lieutenant de Ribaut,

(1) « Cependant que je suis en ma maison, je regarde à trouver nouveaux moyens par lesquels lon pourra traffiquer et faire son proffict aux païs estranges,... et j'espère en peu de temps faire en sorte que nous ferons le plus beau traficq qui soit en chrestienté... ce que j'en fay... pour le service du roy et l'acquit de ma charge » (*Pièces sur l'hist. de France*, t. VIII, année 1565. Discours du voyage fait par l'Amiral à Paris au mois de janvier dernier).

(2) De Thou, *Histoire universelle*, t. IV, p. 113.

(3) « Depuis la paix faicte en France, l'admiral de Chastillon remonstra au roy comme l'on n'avoit nouvelle aucune des gens que le capitaine

lors de la précédente expédition. Il emmenait avec lui de nombreux émigrants, des agriculteurs, des artisans habiles dans tous les métiers (1). Mais bientôt, peu après son arrivée en Floride, les relations de Laudonnière avec les indigènes devinrent difficiles. Des dissensions s'élevèrent parmi les colons. Une conjuration se forme, les jours de Laudonnière sont menacés; une soixantaine de rebelles quittent leur chef et se livrent à la piraterie dans la mer des Antilles, et en particulier sur les côtes des îles espagnoles. Par la voix de son ambassadeur Chantonay, l'Espagne fait entendre de hautaines réclamations et se prépare à la lutte.

Coligny répond par l'envoi de Ribaut, en 1565. Celui-ci part du Havre avec sept navires, pour aller rejoindre en Floride le reste de l'expédition de Laudonnière. Quoique la France fût en paix avec l'Espagne, la flotte de Ribaut est attaquée par la flotte espagnole, commandée par don Pedro Menendez de Abila, taillée en pièces et jetée à la côte, au mépris du droit des gens et sans déclaration préalable de guerre. Fait prisonnier, Ribaut subit des tortures de toutes sortes, puis sa tête est coupée, fendue en quatre morceaux et fichée sur des piques aux quatre coins du fort Caroline. Un millier de Français périrent avec lui, la plupart brûlés comme hérétiques.

Jean Ribaut avoit laissez en Floride et que ce serait grand dommage de les laisser perdre, à cause de quoy le roy luy accorda de faire équipper trois vaisseaux..... Ledit admiral donceques bien informé du fidèle service que j'ay faict, tant à Sa Majesté qu'à ses prédécesseurs roys de France, fit entendre au roi le moyen que j'avois de luy faire service en ce voyage, qui fut cause qu'il m'establit chef de ces trois vaisseaux, et me commanda de partir en diligence pour exécuter son commandement; à quoy me voulant contrevenir, ains me sentant heureux d'estre esleu entre une infinité d'autres lesquels, à mon jugement, se fussent bien acquittés de ceste charge, je m'embarquay au Hàvre de Gràce le 22e d'avril 1564. » (Laudonnière, *Histoire notable de la Floride*, p. 61, 62).

(1) « In omnibus rebus egregie versatos. » (Jacques le Moyne dit de Morgues).

L'amiral crut un moment que sa politique allait triompher, et que toute la France, indignée d'un aussi lâche attentat, allait se lever pour en tirer vengeance, en déclarant la guerre à l'Espagne. Devant les troubles civils toujours menaçants, il poussa de toutes ses forces à cette guerre. Il s'empressa d'inspirer et d'appuyer auprès du roi et de la reine mère une requête et les plaintes des veuves ou des enfants des victimes immolées sur le sol de la Floride. Il écrivit à ce sujet plusieurs lettres au roi (1): Mais pour que Philippe II eût autorisé et ordonné sans doute ce massacre, il fallait qu'il se fût bien assuré de la complicité de ses alliés français, de ceux qui dominaient sur l'esprit du roi. Tous les efforts de Coligny furent vains, aucune réparation ne fut demandée. Cette fois encore, il voyait ses plus chères espérances lui échapper.

Il sentait aussi que c'était la fin de tous ses grands projets. Désormais, il n'y a plus à compter sur le roi, qui ne veut pas comprendre où sont ses véritables intérêts. Un autre que lui eût à jamais abandonné l'entreprise. L'amiral, attristé, mais toujours ferme, ne voulut pas encore désespérer. Il tenta un suprême effort, il s'efforça de faire comprendre à la nation elle-même ce que son roi ne voulait ni accepter, ni comprendre, et, avec l'opiniâtreté d'une conviction profonde, Coligny ne cesse d'exciter, d'encourager de ses sympathies, de ses conseils tous ceux qui voient, comme lui, l'importance économique et politique de ces entreprises maritimes.

Ce fut le second fils du catholique Montluc, Pierre Bertrand dit Peyrot, qui prépara, à ses frais, en 1566, une nouvelle expédition. L'amiral fait une dernière tentative auprès de Charles IX pour obtenir au moins son approbation. Le roi l'accorde et, à l'instigation de Coligny, charge même son ambassadeur en Espagne de demander des explications à propos

(1) Voir ces lettres. Bibl. nat., mss. fr. f., volume 15882, f° 144, et Delaborde, II, 454. — Voir aussi Cimber et Danjou, *Archives curieuses*, t. VI, 232-237.

des massacres de Floride. — Bertrand partit de Bordeaux le 23 août 1566. Mais à peine l'intrépide capitaine était-il parvenu aux îles Madère qu'il fut attaqué par les Portugais et tué à la tête de sa petite troupe en poursuivant ses agresseurs. Le roi de Portugal osa même adresser au roi de France des plaintes que le conseil dut examiner ; mais, malgré les efforts du cardinal de Lorraine, Coligny, par son langage patriotique, empêcha l'humiliation suprême des excuses que le vainqueur prétendait imposer au vaincu (1).

L'expédition de Gourgues en Floride l'année suivante, 1567, fut couronnée du même insuccès. Il vengea bien par quelques victoires les précédents forfaits des Espagnols ; mais, ne recevant aucun appui de la métropole, il dut revenir sans poursuivre ses avantages. Coligny dut abandonner définitivement ses projets coloniaux pour chercher d'un autre côté la réalisation de ses patriotiques desseins.

C'est vers les Pays-Bas qu'il tourna les yeux, dans la triple pensée d'un agrandissement de territoire au profit de son pays, d'un secours ami à fournir à ses frères huguenots persécutés et d'une défaite désastreuse à imposer à Philippe II, qui luttait depuis plusieurs années contre ses sujets rebelles.

Depuis longtemps l'attention de l'amiral s'était portée vers les Pays-Bas espagnols. Depuis le refus, fait par l'Espagne, d'accorder une réparation quelconque pour les massacres de Floride, il se tenait en éveil sur les démarches diplomatiques

(1) « Le conseil eut cédé, n'estoit que M. de Châtillon, avec sa façon sévère et pleine de gravité, remonstra que si ces hommes avaient eu tant de courage que d'entreprendre seuls ce que *toute la France devoit faire*, ils méritoient une récompense et non pas une punition,... si bien que le roi Charles neufviesme, qui estoit courageux, en fut esmeu en la jeunesse où il estoit. » Détails tirés d'une pièce curieuse, intitulée *La Fortune de la cour*, imprimée à la suite des *Mémoires de Marguerite de Valois*. Liége, 71). D'après M. Jules Tessier, dans l'éminent ouvrage duquel nous trouvons cet extrait, l'auteur en serait le sieur de Dampmartin.

et les menées occultes des agents de Philippe II, qui redoutait l'alliance des huguenots français et des gueux des Pays-Bas. Dès 1565, Coligny entretient une correspondance très active avec un de ses parents de Flandre, le baron de Montigny. Par lui, il est tenu au courant de ce qui se passe au delà de la frontière, et il applaudit, dans ses diverses réponses, aux lettres de Montigny à la lutte engagée au Brabant, en Flandre et ailleurs pour la défense des libertés publiques contre les horribles excès de l'Inquisition. Il va même jusqu'à promettre le secours des huguenots français.

Le cardinal de Lorraine fut bientôt informé de ces projets; il éveille la défiance de la reine mère et du roi, qui craignaient de voir s'établir les moindres relations entre les huguenots français et ceux des Pays-Bas. Il dénonce, en outre, à Granvelle le dessein de Coligny (1), et le roi de France, sur les représentations de Philippe II, interdit à ses sujets de porter les armes contre l'Espagne. On sut éluder la défense, et, en octobre 1566, l'agent français avait levé, en Allemagne, pour les révoltés des Pays-Bas, 4,000 chevaux et 30 enseignes de gens à pied (2).

Les guerres civiles de 1567 et de 1569, sans interrompre les premières négociations et les menées secrètes de l'amiral dans les Pays-Bas, rendirent toutefois illusoires les espérances qu'il pouvait avoir au sujet d'une évolution de la politique française, qui tendait, au contraire, à s'unir de plus en plus étroitement à celle des Espagnols.

Après la mort de Condé à Jarnac, il veut essayer encore une dernière tentative pour arrêter la guerre civile et tourner toutes les forces françaises contre l'Espagne. Il eut à ce sujet divers entretiens avec Guillaume d'Orange et Louis de Nassau,

(1) *Correspondance de Philippe II*, Gachard, Bruxelles, 1848, tome I, p. 360.

(2) *Ibid.*, p. 473.

dans lesquels il concerte avec eux les moyens d'arracher les Pays-Bas à la tyrannie de Philippe II.

Le 17 mars 1569, d'Andelot était mort en jetant dans son agonie au frère bien-aimé, dont l'affection le soutenait, ces dernières paroles, entrecoupées par ses souffrances : « La France aura beaucoup de maux... mais... tout tombera sur l'Espagnol. » Et comme l'amiral essayait de le calmer, il reprit gravement : « Je ne resve point, mon frère, l'homme de Dieu me l'a dit (1)! »

Ah! comme, en ce moment, Coligny laisserait ces luttes civiles, qui sont le tourment de son âme, pour la lutte vraiment nationale qui est l'objet unique de ses pensées! Et quand l'heure arrive où, grâce aux renforts reçus d'Allemagne, il peut implorer la paix sans lâcheté, il écrit à Montmorency pour le prier de transmettre au roi sa requête au nom des protestants, suprême et patriotique tentative de cet homme qu'on nous représente comme un rebelle et un traître, pour détourner Charles IX de la voie désastreuse où il s'est engagé. On y lit ces nobles paroles :

« Sire, il ne faut douter que Dieu ne fasse la grâce à Vostre » Majesté de voir bientôt les cœurs de vos sujets unis et réconciliés; et vostre royaulme retourner en son premier estat, » splendeur et dignité à la honte et confusion de vos ennemis » et les nostres : lesquels par leurs secrettes menées et très » étroictes intelligence qu'ils ont avec l'Espagnol ont bien » sceu industrieusement et subtilement divertir l'orage et la » tempeste qui estoit ès Pays-Bas pour la faire retourner et » tomber sur vostre couronne et sur vostre royaulme; ce qu'ils » supplient très humblement Vostre Majesté vouloir bien » exactement considérer et juger s'il est plus à propos d'attendre des deux armées qui sont maintenant assemblées une » funeste et sanglante victoire de laquelle le vaincu rapporte

(1) Voir Dubouchet, *Histoire de la maison de Coligny*, p. 1118 et suiv.; voir d'Aubigné, *Histoire universelle*, t. I, liv. V, chap. IX.

» autant de fruict que le vainqueur, ou bien de les employer
» ensemble pour le service de Vostre Majesté et bien de vos
» affaires en beaucoup de belles occasions qui se presentent
» aujourd'huy autant importantes au bien de vostre royaulme
» et conservation de nostre couronne que nulle autres qui se
» soyent offertes de vostre temps, et par ce moyen renvoyer
» la tempête et l'orage aux lieux où il est venu. En quoy les-
» dicts... sont délibérés et résolus... d'employer leurs per-
» sonnes et leurs biens... jusqu'à la dernière goutte de leur
» sang (1)... »

Le roi ne voulut pas lire cette lettre, et Coligny, « prenant Dieu et les princes chrétiens à témoins de ses efforts (2), » dut voir avec douleur se continuer la lutte qui attristrait si profondément son âme.

Bientôt, cependant, la cour se vit forcée de signer la paix de Saint-Germain (1570). Le moment est venu de tenter un dernier effort. Coligny ne doit pas compter sur la reine mère pour la réalisation de ses projets; il ne lui reste que le roi Charles IX, qu'il faut à tout prix détourner de la fatale politique des Lorrains, pour le salut de la France. Ni ses insuccès précédents, ni l'obstination de la cour à ne pas écouter ses conseils, ne l'ont découragé. Toujours ferme dans sa voie, il veut à tout prix sauver son pays, et, s'il le faut, malgré lui. L'amiral avait bien souvent remarqué l'étrange sympathie qui entraînait vers lui ce jeune roi, si peu fait, en apparence, pour l'apprécier et l'aimer. Il essaya d'en profiter. Il comprend que c'est par le roi seul qu'il pourra maintenir la paix, combattre l'Espagne et les Guises; c'est au roi qu'il va s'adresser désormais. Vers la fin de 1570 toutes ses lettres sont, à de rares exceptions, adressées à Charles IX.

Peu à peu, le roi, éclairé, soutenu par ce conseiller qui lui parlait le langage de l'honnêteté, en arrive à haïr presque

(1) Pérau, *Vie des hommes illustres*, t. XV, p. 276.
(2) *Id.*, Lettre de l'amiral au maréchal de Montmorency.

autant que le faisaient les huguenots l'Espagne et les Guises. L'idée de la guerre de la Flandre le séduit surtout. Il commence à sentir le prix des alliances protestantes, se rapproche de l'Angleterre et veut marier le duc d'Anjou avec Elisabeth. Ainsi, le plan longtemps caressé par Coligny semble sur le point de se réaliser. Catherine se rapproche des protestants et veut cimenter la paix par le mariage de sa fille avec Henri de Navarre. La politique nationale triomphe et le roi paraît s'y engager résolument. Les relations avec l'Espagne s'aigrissent. Le 6 août, Charles IX déclare à l'ambassadeur d'Espagne que si Philippe II croit l'intimider, il se trompe (1). Le duc d'Albe se plaint de trouver moins docile l'ambassadeur de France (2); une expédition, conduite par Minguetière, va même faire une démonstration sur les côtes des Indes occidentales espagnoles. La guerre aux Pays-Bas semble certaine, et Coligny, qui voit les discordes civiles s'apaiser devant la haine de l'étranger, l'extension probable de la frontière française au delà de l'Escaut, le droit et la justice vengés par cette guerre si longtemps souhaitée, n'hésite plus à se rendre définitivement à la cour auprès du roi.

Celui-ci paraît avoir à jamais abandonné la fatale politique des Guises, s'être complètement rallié aux projets de Coligny, et vouloir désormais suivre la politique de son aïeul. Aussi est-ce aux alliances protestantes qu'il fait appel, décidé à ne faire la guerre à l'Espagne catholique qu'avec l'appui de la reine Elisabeth, alarmée elle-même des intrigues espagnoles en faveur de Marie Stuart. Malgré la rupture de son mariage avec le duc d'Anjou, un traité d'alliance défensive est signé le 29 avril avec l'Angleterre. Coligny accourt à Paris, supplie le roi de lui permettre de passer aux Pays-Bas. Charles veut, avant tout, que le mariage de Marguerite avec Henri de Navarre soit conclu.

(1) *Mém. de Nevers*, dépêche de Walsingham à Burleigh, 12 août 1571, p. 529.

(2) *Corresp. de Philippe II*, juillet-août 1571, t. II, p. 181, 197.

Le roi était enveloppé d'intrigues; il sentait que ses conseillers le trompaient (1), et cependant, grâce à l'influence de sa mère, il hésitait toujours. Catherine ne se contentait pas d'agir sur l'esprit de son fils pour le détourner de Coligny ; mais elle faisait tous ses efforts pour nous détacher de l'alliance anglaise, faisait refuser Calais à Elisabeth, et celle-ci, faisant une brusque volte-face, entamait des négociations avec le duc d'Albe, pour se faire céder Flessingue, sur la mer du Nord.

Charles IX se sentait très embarrassé. Il ne voulait pas repousser les conseils de l'amiral, dont il appréciait la grande utilité politique, et il hésitait à engager la lutte malgré son entourage et sans alliance assurée. Il déclara qu'il entendait s'appuyer sur une opinion du conseil privé qui corroborât la sienne, et pria Coligny de rédiger un mémoire où il consignera ses vues pour la guerre à entreprendre.

Ce mémoire fut écrit sous l'inspiration de l'amiral, par le jeune Philippe Duplessis-Mornay, qui commença ainsi, avec celui dont il fut le digne successeur, son illustre carrière politique (2).

(1) « Veux-tu que je te die librement, Téligny ? Je me deffie de tous ces gens-ci... les seigneurs de ma Cour et de mon Conseil ne sont que des bestes ; mes secrétaires d'estat, pour ne rien céler de ce que j'en pense, ne me sont pas fidèles ; si bien qu'à vray dire, je ne sçais par quel bout commencer. » (Entretien du roi avec Téligny, gendre de l'amiral, rapporté dans le *Journal de Pierre de l'Estolle*, année 1572).

(2) Voir *Discours au roy Charles IX pour entreprendre la guerre contre l'Espagnol ès Pays-Bas.* » (Ap. *Mém. et corresp. de Duplessis-Mornay*, 1824, t. II, p. 20)...

Un écrivain contemporain, peu suspect de parti-pris, écrit au sujet de ce document : « A la prépondérance de son parti, ce grand capitaine (Coligny), associait un patriotique dessein. Il se proposait d'en faire sortir l'abaissement de l'Espagne et la grandeur française... l'entreprise semblait conforme aux intérêts et aux destinées de la France. Depuis François Ier, notre rang en Europe dépendait de l'abaissement de la maison d'Autriche; depuis Henri II, l'effort de nos armes avait été judi-

Dans ce Mémoire, Coligny s'efforça de montrer que la guerre était *juste*, *utile* et *facile*. *Juste*, car Philippe II a dépossédé le roi de France « d'une bonne partie des provinces héréditaires » de ses aïeux, « taillé en pièces ses soldats en Floride, » lui a « osté la préséance à la court de l'Empereur » et enfin, « n'attendoit que de voir le sceptre de Charles IX brisé et sa couronne en pièces pour en ramasser les éclats et en recueillir les fleurons. » Il faut reprendre le Hainaut et l'Artois, injustement retenus par les Espagnols.

Elle est *utile*, car, outre l'apaisement des guerres civiles qu'elle assure, les riches pays conquis donneront pour frontière au royaume le Brabant et peut-être la Meuse, et parce que l'Espagne étant fatalement notre ennemie naturelle, il faut la frapper sans retard si on ne veut être frappé par elle.

Cette guerre est *facile* enfin. « La guerre, Sire, » dit l'amiral, « se faict plus par fer que par or, plus par honneur que par argent. La force des hommes consiste en ce qui est dedans le païs sous nous, et dehors sous nos alliez, et, en tous les deux, vous le passez » (Le mémoire énumère alors la supériorité que donnent à la France les alliances protestantes et les sympathies des peuples).

cieusement porté sur nos frontières du Nord. Enfin, notre honneur et notre profit politique consistaient à soutenir la liberté des peuples opprimés par une monarchie cosmopolite; et, précisément, en arrachant à la tyrannie de Philippe II les Pays-Bas, prêts à se donner à nous, en les réunissant à la France dont ils formaient, disait-on alors, un membre naturel, notre nation les affranchissait ; elle devenait du même coup, libératrice et conquérante. Les griefs d'ailleurs ne nous manquaient pas contre l'Espagne; malgré les difficultés de la lutte, les chances de succès ne manquaient pas davantage, quand une race indomptable, quand un territoire imprenable s'offraient à nous pour point d'appui » (*Les luttes religieuses en France au seizième siècle*, par le vicomte de Meaux, Paris, 1879, p. 139).

(1) « ... Il fault que ceste guerre soit juste, facile et utile et que le profit n'y soit moins honorable que l'honneur profitable : et telle, pour

Ainsi Coligny poursuivait sans relâche et avec opiniâtreté sa grande pensée. Il s'indignait des retards ou des objections que subissaient ses projets : « qui empesche la guerre d'Espagne, » disait-il à Tavannes, « a une croix rouge dans le ventre. »

L'amiral semble être encore le seul maître de l'esprit du roi, malgré les intrigues de toute sorte qui s'agitent autour de lui ; le règne des Guises paraît fini et le temps des grandes choses, qu'il a si longtemps rêvées sans espoir, paraît arrivé. Le 18, au mariage de Marguerite de Valois avec Henri de Navarre, il montre à Damville les drapeaux de Jarnac et de Moncontour suspendus aux voûtes de Notre-Dame : « Bientôt, » lui dit-il, « on les arrachera de là et on en mettra d'autres à leur place qui seront plus agréables à voir. »

Pourtant, des pressentiments secrets l'avertissaient que sa tâche devait rester inachevée (1). Au milieu de ces efforts patriotiques, de ce suprême dévouement à la cause de toute sa vie, la haine de ses ennemis veillait. De bien des côtés, on l'avertissait des dangers qui le menaçaient; mais il lutta jusqu'à la dernière heure, sans faiblesse, pour ce qu'il savait être le salut de sa patrie : « Coligny marchait vers un but, » dit M. Soldan, « un but noble et patriotique; il ne faut pas accuser son intelligence, mais louer son courage. »

Catherine travaillait dans l'ombre. Philippe II répandait l'or à pleines mains pour conjurer l'orage qui le menaçait. Montdoucet, notre envoyé aux Pays-Bas, écrivait le 9 août : « Les ducats de Castille trottent par la France pour rompre

le faire court, n'en voit-on aujourd'hui que contre le roy d'Espagne... » (*Mém. et corresp. de Duplessis-Mornay*, t. II, p. 20 et suiv.).

(1) « ... Si je ne regardois que mon contantement j'aurois bien plus de plaisir de vous aller veoir que je n'ay d'estre en ceste court pour beaucoup de raisons que je vous diray... je pry nostre Seigneur, ma fille, ma mie, vous avoir en sa saincte garde et protection... » (Lettre à Jacqueline d'Entremonts, *Bulletin de la Société d'hist. du protest. français*, 1re année, p. 369).

tous les bons desseins » et l'ambassadeur français tenait à Philippe II cet énigmatique langage : « Le roi, mon maître, a pris de nouveaux conseils et expédients dont les effets seront tels que Votre Majesté elle-même les approuvera. »

La mort de Coligny était résolue, la faction de l'étranger triomphait. Blessé par Maurevel, il est enveloppé dans le massacre général du 24 août et tombe sous les coups des assassins dirigés par Guise lui-même, suprême forfait, honteuse et nouvelle humiliation devant l'étranger.

Mais, jusqu'à sa dernière heure, il avait lutté pour la France; il mourut dans le calme des nobles consciences, dans la paix des âmes honnêtes.

Et c'est cet homme dont nous venons de retracer l'émouvante histoire, la vie uniquement consacrée à la poursuite d'une généreuse et patriotique pensée, que l'on appelle, en travestissant l'histoire, un traître et un rebelle.

Ce traître voulait l'abaissement de l'étranger et la gloire de la France.

Ce rebelle chercha tous les moyens de ramener la paix intérieure et de tourner les forces de son pays vers l'ennemi national.

On le vit bien quand on lut ses papiers secrets et que les meurtriers confondus y lurent ce conseil au roi de se défier de l'Angleterre protestante autant que de l'Espagne catholique. « Pour confirmer le bruit qu'on voulait répandre de la conju-
» ration de l'amiral, » dit Bossuet, « on lui fit faire son pro-
» cès. La reine mère fit chercher parmi ses papiers quelque
» chose qui diminuât l'horreur qu'un tel meurtre devait cau-
» ser dans les pays étrangers. On n'y trouva que des mémoi-
» res de la guerre de Flandre et des avis qu'il donnait au roi
» pour le bon gouvernement de son Etat. Il l'avertissait, entre
» autres choses, de ne point donner trop de crédit ou de trop
» puissants apanages à ses frères et d'empêcher de tout son
» pouvoir que les Anglais n'acquissent dans les Pays-Bas ré-
» voltés un pouvoir qui deviendrait fatal à la France.

» La cour affecta de communiquer ces mémoires au duc » d'Alençon et à la reine d'Angleterre ; on représentait à l'un » et à l'autre la manière dont les traitait un homme qu'ils es- » timaient tant. La réponse fut honorable pour l'amiral ; ils » dirent qu'ils pouvaient peut-être se plaindre de lui, mais » *que le roi du moins s'en devait louer, et que des avis si solides* » *et si désintéressés ne pouvaient venir que d'un fidèle serviteur.* » Ainsi, tout ce qu'on employait pour décrier l'amiral ne ser- » vait qu'à illustrer sa mémoire (1). »

Oui, seul, dans ce siècle de trahisons et d'infamie, il sut rester fidèle et droit, seul il avait eu la vision sereine et prophétique de l'avenir de la France et de la grandeur de son pays.

On ne peut se défendre d'une profonde tristesse en comparant la France telle que la firent les Guises à la France que rêva Coligny : En 1572, après le meurtre de l'amiral, la guerre civile va renaître avec plus d'acharnement que jamais. Nous sommes sans alliés en Europe, sous la pesante main de l'Espagne et de ses inquisiteurs.

Coligny eût concentré contre l'ennemi commun toutes les forces françaises, par l'établissement de la tolérance religieuse, ramené ainsi la richesse et la tranquillité au dedans, tandis qu'au dehors il assurait la prépondérance de la France par l'écrasement de l'Espagne et le développement de nos colonies.

L'avenir a montré si c'étaient là des utopies. Coligny a été en réalité le précurseur et le guide de Henri IV, de Richelieu, de Mazarin, qui, en continuant sa politique, en la réalisant, ont assuré l'unité, la grandeur et la gloire de la France.

Nous ignorons quelles furent, quand le lâche assassinat vint le surprendre, les pensées de cet illustre mourant. Peut-être se souvint-il des suprêmes paroles de son frère d'Andelot, et, dans la paix de son Dieu, dans la joie du devoir accompli, s'en

(1) *Leçons d'Histoire de France*, tome III.

allât-il avec la ferme confiance qu'un jour viendrait où son œuvre serait achevée.

Elle l'a été. Mais la France, grande par lui, a oublié ce qu'elle devait à ce patriote, qui fut l'inspirateur de ceux qui ont fait sa puissance et sa force. Elle semble n'avoir plus que de la pitié pour le martyr et méconnaît l'éternelle gloire de ce grand Français. Cette statue qui va se dresser dans notre capitale, protestation de la France indignée contre l'infâme guet-apens du 24 août, je voudrais qu'elle fût ailleurs, rappelant d'autres souvenirs, vengeresse et réparatrice d'un oubli bien plus injuste et bien plus cruel, réconfort pour un autre avenir.

La patrie reconnaissante a élevé sur les hauteurs d'Alise un monument colossal au défenseur de l'indépendance de la Gaule et la statue gigantesque de Vercingétorix se dresse là-haut, sur une colline de la Côte-d'Or, pour rappeler éternellement à la postérité la patriotique résistance de ce chef illustre à l'envahissement des armées romaines.

Sur les hauteurs des Vosges, sur ces hauteurs hérissées de forteresses où la patrie a mis son espérance suprême, sur la frontière mutilée, là, sous le vaste ciel, Coligny serait bien. Il se tournerait vers ces vastes plaines du Rhin où s'est reconstitué maintenant, par les fautes d'une politique insouciante et aveugle comme celle des Guises, l'empire immense de Charles-Quint, cette puissance dont il rêva l'abaissement. Et nous fortifierions nos cœurs de cette gloire du passé. Il serait là comme la sentinelle héroïque de la France; c'est vers lui qu'aux jours meilleurs regarderaient avec reconnaissance ceux qui combattront pour sa grandeur, et quelque chose de cette âme patriotique passerait aussi dans leurs âmes!

Au milieu de la foule des statues que la passion populaire élève parfois de nos jours et dans lesquelles elle croit éterniser ses enthousiasmes passagers, parmi toutes ces éphémères idoles, ces héros du jour que le vent des révolutions renverse tôt ou tard de leurs piédestaux et traîne dans la boue, celle-ci serait la statue de tous. Ce serait le reconnaissant et filial hommage de l'admiration de tout un peuple : toutes les haines s'éteindraient au pied du monument du grand patriote martyr pour son pays.

On y graverait ces simples mots qui furent la devise et la vie tout entière de l'amiral de Coligny :

Foi et Patrie.

Puisse au moins la France le comprendre un jour, et, en restituant sa vraie gloire à l'un de ses plus illustres enfants, marcher, à son exemple, vers l'avenir, dans le même héroïsme et dans la même foi !

www.ingramcontent.com/pod-product-compliance
Ingram Content Group UK Ltd.
Pitfield, Milton Keynes, MK11 3LW, UK
UKHW020937180726
13838UKWH00002B/996